존 트레이시의
재무제표 읽는 법

How to Read a Financial Report: Writing Vital Signs Out of the Numbers /
John A. Tracy. - 7th ed.
Copyright © 2009 by John A. Tracy.
All rights reserved. Authorized Translation from English language edition
published by John Wiley & Sons, Inc.
KOREAN language edition © 2013 by Joongang Economy Publishing Co.
KOREAN translation rights arranged with John Wiley & Sons International Rights, Inc.,
USA through EntersKorea Co., Ltd., Seoul, Korea.

존 트레이시의
재무제표 읽는 법

존 트레이시 지음 | 스캇 서 감수 | 최송아 옮김

HOW TO READ
A FINANCIAL REPORT

ⓙ 중앙경제평론사

재무제표 읽는 법

《재무제표 읽는 법》을 처음 쓸 때만 하더라도 나는 손자가 한 명도 없었다. 그러나 7번째 개정판을 내는 지금은 무려 12명의 손자가 생겼다. 또한, 1980년 초판이 발간될 때는 다우 존스 산업평균지수가 약 850을 맴돌았다(정말이다!). 지금은 가장 주목받는 이 주가 2000년대 초반 시장지수 11,700을 기록하다가 갑자기 곤두박질쳤는데 나의 퇴직금에 큰 손해를 입혔다. 다우 존스사는 그 후 몇 년 동안에 걸쳐 회복했으나 다시 급락했다.

이 글을 쓰고 있는 지금 다우 지수는 8,000을 웃돌고 있다. 투자의 귀재 제이피 모건은 이런 말을 했다. "앞으로 주식시장에는 큰 변동이 있을 것이다." 나처럼 수백만 명에 이르는 사람이 노후수단으로 주식에 돈을 투자한다. 그러므로 재무제표를 읽을 수 있는 능력이 중요하다는 것은 두말할 나위도 없다.

나는 이 책의 6번째 개정판 머리말에서 갑자기 급증하던 재무보고 부정 중에서도 악명 높은 엔론 스캔들을 경고했다. 이 사건은 한창 주가를 올리고 있던 공인회계 단체 아서 앤더슨의 추락 계기가 되었다. 회계부정으로 인한 파장은 점차 퍼져 나갔고 이 때문에 투자자들이 입은 손해는 수십억 달러에 달했다. 그나마 다행인 점은 우리가 이 암울한 시대에서 벗어난 지 꽤 오래됐다는 것이다.

이번 개정판에서는 6번째 개정판 이후, 재무보고와 감사의 주요 변화를 다룰 예정이다. 우리가 할 이야기 중 가장 중요한 것은 국제재무보고 및 회계기준이다. 그러나 이 책의 기본 구조는 변함없이 그대로다. 이 책의 체계는 지난 25년 동안 명성을 유지했으며 이를 망친다면 나 자신을 망가뜨리는 꼴이 될 것이다. 나의 어머니는 그 정도로 나를 바보로 키우진 않으셨다. 또한, 현금흐름은 이 책의 모든 장에서 등장한다. 현금흐름을 강조하는 것이 이 책의 전형적인 특징이라고 할 수 있다.

이 책에 사용한 예시는 전보다 더 명백하고 확실한 정보를 전달할 것이다. 이를 위해 이번 예시들은 엑셀 스프레드시트로 준비했다. 이 파일을 원하는 분은 이메일로 요청하길 바란다(tracyj@colorado.edu). 나는 지금 은퇴한 상태라 여러분의 메일을 읽을 시간이 많다. 그동안 응원의 글을 보내준 여러분께 이 자리를 빌려 감사의 말씀을 드리는 바이다. 이 책을 판매해서 돈을 버는 것도 좋지만, 독자 여러분께 칭찬까지 받으면 그야말로 금상첨화일 것이다.

회계 관련 책 중 이렇게 7번째 개정판까지 나온 경우는 많지 않다. 작가와 출판사 사이의 좋은 동업관계는 필수다. 지난 30년간 많은 도움을 주신 존윌리앤선스의 많은 분께 이 자리를 빌려 감사드린다. 처음 이 책을 쓰도록 권유했던 조 로스, 그리고 엄청난 조력자가 되어준 메릴 린치사의 국립훈련감독관, 꾸준한 도움을 준 편집장 데브라 잉글렌더에게 감사드린다. 그리고 함께 작업했던 메리 다이엘로와 켈리 오코너도 빼놓을 수 없는 조력자다. 케이프 코드 컴포지터 직원에게도 감사드린다는 말을 전하고 싶다.

이 책의 첫 편집자이자 후원자인 고든 비 랭에게 이 책을 바친다. 그가 가진 편집 능력의 득을 보지 않은 작가는 거의 없을 것이다. 그만큼 그가 지닌 지도력과 열정, 용기를 북돋아 주는 격려는 남달랐다. 그야말로 신사의 표본이라 할 수 있는 그는 내게 책을 쓴다는 것이 얼마나 굉장한 일인지 가르쳐준 장본인이다. 내 원고를 평가할 때는 가차 없이 날카로웠지만 언제나 따뜻하고 친절하게 힘이 되어 주었다. 고든은 이 책의 성공에 자부심을 느낄 권리가 있다! 2003년 초 저세상으로 떠난 그의 죽음에 깊은 애도를 표한다. 만약 그가 이 말을 들을 수 있다면 다시 한 번 말하고 싶다.

고든, 당신이 없었다면 난 이 책을 쓰지 못했을 것입니다.

존 A. 트레이시

2부
재무제표 분석

3부
재무보고의 신빙성

1부
___

재무제표의 구성과
상관관계

COMPONENTS AND CONNECTIONS IN FINANCIAL STATEMENTS

현금흐름의 개요

STARTING WITH CASH FLOWS

 현금흐름의 중요성,
요약현금흐름

회사 경영자, 대출기관 그리고 투자자는 기업의 현금흐름에 큰 관심을 가져야 한다. 사업할 때 가장 핵심적인 요소 중 하나는 현금의 유입과 유출 과정이다. 현금이 꾸준하게 유통되지 않는 기업은 결코 오래 살아남을 수 없다. 그래서 우리는 먼저 현금흐름에 관한 이야기를 할 것이다. 이 책에서 예로 든 기업은 지난 몇 년 동안 계속 사업을 해왔으며 꾸준히 이익을 내고 재정도 원만한 상태를 유지하고 있다. 또한, 그동안 탄탄한 신용을 쌓은 덕분에 은행들도 경쟁하듯이 좋은 조건으로 대출을 제시하고 있으며 현재 소유주 역시 기업이 필요하면 자본금을 더 투자할 의향이 있다. 하지만 이렇게 안정적인 경영을 하는 것이 결코 쉬운 일은 아니다. 꾸준한 이익을 낼 수 있는 훌륭한 경영방침, 안정적인 자본, 그리고 재정적으로 문제가 없는 기업만이 가능하다. 실제로 이런 필수적인 요소를 갖추지 못한 기업이 부지기수다.

예시 1-1은 1년 동안 기업에서 생긴 현금 유입과 유출, 그리고 두 가지 현금흐름을 보여준다. 첫 번째 현금흐름은 이익을 창출하려는 기업 활동에서 비롯된 것이다. 이때 현금은 판매를 통해 유입되고 지출을 통해 유출된다. 두 번째는 그 외의 경로를 통해 현금을 유입, 유출하는 경우다. 자본금을 늘리거나 자산에 투자하고 소유주에게 수익을 분배할 때도 현금흐름이 이루어진다. 많은 사람이 예시 1-1에서 나타난 현금 유입과 유출 과정을 어느 정도 알고 있을 것으로 생각한다. 따라서 이 부분은 간단하게만 짚고 넘어가겠다.

- 한 해 동안 기업이 판매로 얻은 현금 유입은 $51,680,000로 현금 유입 과정 중 가장 크다는 점을 반드시 명심해야 한다. 판매를 통해 유입된 현금은 여러 지출에 사용한다. 기업은 한 해 동안 소비자에게 판매할 상품 구매에 $34,760,000를 지출했다. 그래서 현금 유출의 상당 부분이 운영비, 부채, 법인세로 흘러들어 갔다. 그 결과 기업에서 이익창출에 관련된 모든 활동의 순수 이익은 $3,105,000로 흑자가 된다. 이 수치는 경영자, 대출기관, 투자자 모두 주의 깊게 눈여겨보는 부분이다.
- 현금흐름의 두 번째는 이렇다. 기업의 지급 어음이 $625,000 증가했으며 주주들이 추가로 투자한 금액은 $175,000이다. 합쳐서 $800,000인 외부로부터의 현금 유입은 내부의 이익창출로부

터 유입된 현금 $3,105,000에 더해진다. 회계장부에서 다른 한쪽을 살펴보면, 기업은 건물 개선, 새 기계와 장비, 무형자산 구매에 $3,625,000를 지출했으며 마지막으로 이익금에서 $750,000를 주주에게 분배한 것을 알 수 있다.

- 현금의 유입과 유출을 계산하고 나면 기업에서는 한 해 동안 $470,000 상당의 현금이 감소했다는 결론이 나온다. 하지만 아직 섣불리 판단하면 안 된다. 현금 보유량이 감소했다는 사실만으로 기업에 좋고 나쁜지 단정할 수 없기 때문이다. 기업의 재정문제를 정확히 판단하기 위해서는 현금흐름 개요 외의 다른 정보도 고려해야 한다.

예시 1-1 연간 현금흐름의 개요(단위: 천 달러)

	현금 유입(유출)	순수현금 증가(감소)
기타 출처와 현금 사용		
수익창출 활동 금액(작년 매출 포함)	$ 51,680	
상품 취득 금액(이미 팔렸거나 나중에 판매할 것 포함)	(34,760)	
운영비(일부는 작년에 발생)	(11,630)	
장기, 단기부채 이자(일부는 작년에 발생)	(520)	
소득세(작년 소득세 일부 포함)	(1,665)	$ 3,105
기타 출처와 현금 사용		
이자 발생 부채 증가	$ 625	
자본 주식 추가 발행	175	
건물 개선, 새 기계, 장비 및 무형자산 구매	(3,625)	
주주에게 수익 분배	(750)	$ (3,575)
한 해 동안 순수현금의 변화		$ (470)

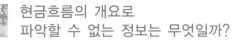

현금흐름의 개요로
파악할 수 없는 정보는 무엇일까?

예시 1-1에서 보듯이 사업을 원활히 하는 데 가장 핵심이 되는 현금이 $470,000 감소했다. 현금 유입보다 유출이 더 크게 발생했다. 기업의 재정상태를 봤을 때 보유한 현금 액수가 감소한 사실과 이유는 매우 중요한 정보가 된다. 현금흐름의 개요는 해당 기업을 알 수 있는 중요한 부분이지만 그렇다고 모든 정보를 말해주는 것은 아니다. 그러므로 투자자, 대출기관 등 기업과 관련된 모든 사람은 현금흐름 개요가 말해주지 않는 정보도 알 필요가 있다. 다음 두 가지 정보는 현금흐름 개요에서는 알 수 없는 부분이다.

1. 일정 기간 기업에서 발생한 이익 또는 손실
2. 일정 기간이 끝났을 때 기업의 재정상태

여기서 잠깐 생각해 보자. 앞의 예시 1-1에서 판매수익금에서 지출을 뺀 한 해의 이익이 $3,105,000라고 했다. 그렇다면 '한 해 동안 수익과 매출에서 발생한 이익은 같은 것이 아닌가?'라고 생각할 수 있다. 그러나 이익창출활동으로 유입된 현금과 그 기간에 발생한 수익은 엄연히 다르다. 이익은 회계에서 가장 정확하고 객관적인 수치가 돼야 하며, 이를 위해서는 단순히 현금흐름을 기록하는 것 이상이 필요하다. 이익을 계산할 때 장부를 이용하는 방법과 회계원리를 이용하는 방법의 차이점은 다음 장에서 자세히 다룰 것이다. 사실상 현금흐름이 발생하는 기간의 판매 이윤과 지출을 정확히 산출하는 것은 힘든 일이다. 현금흐름을 파악하는 것만으로 기업이 얻을 수 있는 이익이 얼마인지 단정할 수는 없다.

더 나아가 현금흐름의 개요만으로 한 기업의 재정상태를 완전히 파악한다는 것은 불가능하다. 재정상태란 연말까지 부채를 포함한 한 기업의 자산을 뜻한다.

연말에 기업이 당좌예금에 보유하고 있는 현금은 얼마나 될까? 재무제표를 살펴보면 당기에 기업이 보유한 현금이 $470,000 감소했다는 것을 알 수 있다. 하지만 예시 1-1을 살펴보는 것만으로 기업이 최종적으로 보유한 현금 액수까지 알 수는 없다. 여기서 알아야 할 점은 현금흐름 개요가 기업의 연말 자산과 부채를 전부 보여주지 않는다는 것이다.

 ### 현금흐름으로는
이익을 계산할 수 없다

이 책에서 예시로 든 기업은 물품을 외상으로 판매한다. 고객이 구매한 물품의 금액을 가까운 시일 내에 지급한다는 전제로 먼저 상품을 판매한다. 사실 기업 사이의 매매는 외상거래가 많다. 이와 대조적으로 소매업에서는 손님에게 외상을 주는 대신 신용카드로 지급받는다.

예시에서 기업은 한 해 동안 고객에게 $51,680,000를 받았다. 하지만 현금이 유입된 경로 일부분은 작년에 판매한 대금이다. 또한, 이해 마지막에 이루어진 판매 중에는 연말이 될 때까지 대금을 받지 못한 부분도 있다. 요컨대 기업이 연말에 받아야 할 대금에는 내년 초에 받을 외상이 포함되어 있다. 올해 들어온 현금 중 일부분은 작년에 판매한 대금이고, 말에 이루어진 판매 대금은 올해 안에 받지 못한다. 그래서 한 해 동안 들어온 현금 액수와 판매 수익이 일치하지 않는다.

한 해 동안 지급한 현금 액수 역시 지출과 일치하지 않는다. 기업은 상품 구매로 $34,760,000를 지출했다(예시 1-1 참조). 하지만 이 상품의 상당 부분이 연말에 재고로 남아 있었으며 그해가 끝날 때까지 팔리지 않았다. 그럼에도 판매 수익에서 팔린 상품비용과 고객에게 배달한 비용을 차감한 액수를 이익으로 표시했다. 게다가 예시 1-1을 살펴보면 기업의 상품비용 중 일부분이 연말까지 지급되지 않았다는 것을 알 수 있다. 기업은 상품을 제조할 때 사용한 원료를 외상으로 구매하고 있으며 대금을 지급하기까지 몇 주가 걸린다. 그러므로 연말에 구매한 원자재비와 제조비용은 거의 부채로 남는다고 추정할 수 있다. 이뿐만이 아니다. 한 해 동안 사용한 운영비 및 이자와 법인세 역시 올해의 이익계산과 맞지 않다. 기업은 연말까지 아직 지급하지 않은 비용이 있다. 예시 1-1을 보면 기업의 현금 유출에는 미지급비용을 포함하지 않았다는 사실을 알 수 있다.

간단히 말해서 판매 수익과 지출에 따른 현금흐름은 그동안 얻은 이익과 일치하지 않는다. 한 해의 수익을 가늠하기에는 현금흐름의 속도가 너무 늦거나 빠르기 때문이다. 그러므로 판매 수익과 지출을 알맞은 기간에 기록하기 위해서는 정확한 타이밍이 필요하다. 수익과 지출을 기록하기 위한 정확한 타이밍을 발생주의 회계라고 한다. 발생주의 회계란 한 기간의 수익을 측정할 수 있는 순서로 나열한 것이다. 여기에는 외상으로 이루어진 판매와 지급하지 않은 지출도 포함한다. 기업의 재정상태, 즉 자산과 부채 측정에 필수적인 도구다.

현금흐름만으로는 재정상태를 파악할 수 없다. 그러므로 경영자는 기업이 소유한 자산이 무엇인지, 현금, 외상, 재고 등 각각의 자산이 얼마인지 정확하게 파악하고 현재 가진 채무와 액수도 알고 있어야 한다. 기업의 부채 상환기간과 상환능력을 파악하고 판매량과 관련된 자산이 너무 많거나 적은 것은 아닌지 헤아려야 한다. 경영자뿐만 아니라 대출기관과 투자자도 원하는 정보다.

간단히 말해서 한 기업의 재정상태를 파악하는 것은 기업 내부의 경영자와 외부의 대출기관, 그리고 투자자에게 꼭 필요한 부분이다. 또한, 한 해 동안의 판매 수익과 지출, 그리고 이익을 정리한 정보도 필요하다. 물론 현금흐름 개요는 매우 유용한 정보며 사실 예시 1-1은 모든 기업이 발표하는 가장 핵심적인 3가지 재무제표 중 한 가지와 흡사하다. 하지만 현금흐름 보고서가 결코 기업 수익에 관한 재정상태 보고서는 아니다. 다음 장에서는 보통 기업이 사용하는 현금흐름 개요와 비슷한 형태인 두 가지 재무제표(비공식 보고서 예시 1-1과는 다름)를 다룰 것이다.

마지막으로 다음 장으로 넘어가기 전에 말해둘 것이 있다. 전문적인 회계과정이 설립되기 전 기업은 재무제표 보고서를 작성할 때 반드시 회계전문가가 필요했다. 특히 미국기업은 이익을 계산하고 재정상태를 보고할 때, 통칭 '일반적으로 인정된 회계원칙(Generally Accepted Accounting Principles, GAAP)'이라는 규칙과 기준을 제정하는 것이 원칙이었다. 그런데 이 문장을 쓰고 있는 지금 일반적으로 인정된 회계원칙에 매우 많은 변화가 나타나고 있다. 따라서 이 책에서는 국제회계와 재무제표를 보고할 때의 기준인 일반적으로 인정된 회계원칙을 많이 다룰 것이다.

4가지 재무제표

THE FOUR FINANCIAL STATEMENTS

 재정상태, 실적,
현금흐름에 관한 보고서

경영자, 대출기관, 투자자에게 있어서 기업의 재정상태를 파악하는 것은 매우 중요하다. 게다가 사람들은 기업의 자산과 부채는 물론 자산에서 부채를 차감한 후 남은 금액인 자본 정보와 그에 따른 수익성과도 파악해야 한다. 가장 최근에 올린 판매 수익과 지출을 요약하여 기업이 수익을 올렸는지 손실을 보았는지 보고해야 하기 때문이다. 또한, 기업의 현금흐름을 파악하는 것도 매우 중요하다. 하지만 1장에서 언급했던 것처럼 현금흐름 개요가 매우 유용한 정보임은 확실하지만 기업의 재정상태와 수익성 같은 정보를 제공하지는 않는다.

재정상태는 대차대조표라는 재무제표를 통해 수익성과는 손익계산서라는 재무제표를 통해 파악할 수 있다. 현금흐름은 현금수지계산서와 깊은 관련이 있다. 대차대조표는 재무실태표 혹은 재무상태표라고도 한다. 손익계산서는 수지계산서 혹은 잉여금계산서라고 한다. 이 책에서는 각각 '대차대조표', '손익계산서'로 통칭하겠다. '재무제표'라는 용어는 일반적으로 대차대조표, 손익계산서, 현금수지계산서를 통틀어 일컫는 말이며 비공식적으로 '재무표'라고도 한다. 기업에 관련된 모든 정보는 재무제표의 주석과 보조 일정란에 추가로 기재한다. 재무제표와 주석, 보조 일정란에 추가된 글, 그림, 판촉물 등 정보를 추가한 것을 통틀어 '재무보고'라고 한다.

예시 2-1, 2-2, 2-3은 1장에서 예로 든 기업의 재무제표다. 이 재무제표의 구성방식과 내용은 기업뿐 아니라 소비자에게 판매할 상품을 제조하거나 구매하는 제조업체, 도매업체, 소매업체에서도 사용한다. 서비스업을 기반으로 하는 기업의 재무제표는 실질적으로 상품을 판매하지 않기 때문에 다음 페이지에 소개하는 예시들과는 다른 기본체제와 다른 형태의 대차대조표, 손익계산서, 현금수지계산서로 이루어져 있다.

메모 보통 '수익'이라는 용어는 손익계산서에서 사용하지 않는다. 왜냐하면 탐욕스럽거나 돈만 밝히는 듯한 어감을 지녔기 때문이다. 최소한의 필요 액수를 초과한 여분의 돈이라는 느낌을 줘 보통 경영자는 손익계산서에서 '수익과 손실', '수익과 손실명세서'라는 단어로 대체한다. 하지만 기업 외부에 발표하는 재무보고서에는 이 용어를 거의 사용하지 않는다.

여기서 반드시 짚고 넘어가야 할 것이 있다. 거의 모든 대차대조표는 예시 2-1에서 나타내는 것처럼 어떤 변동 사항을 명시하는 열을 포함하지 않지만, 이 책에서는 명시한다는 점을 알아두길 바란다.

예시 2-1 연말 대차대조표(단위: 천 달러)

	작년	올해	변화
현금 및 현금성 자산	$ 3,735	$ 3,265	$ (470)
외상매출금	4,680	5,000	320
재고자산	7,515	8,450	935
선급비용	685	960	275
유동자산	$ 16,615	$ 17,675	
토지, 건물, 기계	$ 13,450	$ 16,500	3,050
감가상각누계액	(3,465)	(4,250)	(785)
감가상각을 차감한 금액	$ 9,985	$ 12,250	
무형자산	$ 5,000	$ 5,575	575
장기운영 자산	$ 14,985	$ 17,825	
자산 총계	$ 31,600	$ 35,500	$ 3,900

	작년	올해	변화
외상매입금	$ 2,675	$ 3,320	$ 645
미지급비용	1,035	1,515	480
미지급법인세	82	165	83
단기지급 어음	3,000	3,125	125
유동부채	$ 6,792	$ 8,125	
장기지급 어음	$ 3,750	$ 4,250	500
부채	$ 10,542	$ 12,375	1,833
주식 자본–각각			
793,000, 800,000주	$ 7,950	$ 8,125	175
이익잉여금	13,108	15,000	1,892
자본	$ 21,058	$ 23,125	
부채와 자본 총계	$ 31,600	$ 35,500	$ 3,900

매출액	$ 52,000
매출원가 비용	(33,800)
매상 총이익	$ 18,200
판매 및 일반관리비	(12,480)
감가상각비	(785)
이자 및 소득 세전이익	$ 4,935
이자비용	(545)
소득 세전이익	$ 4,390
소득세 비용	(1,748)
순이익	$ 2,642

예시 2-3 당년 현금흐름표(단위: 천 달러)

영업활동으로 인한 현금흐름		
(손익계산서로부터 나온) 순이익	$ 2,642	
외상매출금 증가	(320)	
재고자산 증가	(935)	
선급비용 증가	(275)	
감가상각비	785	
외상매입금 증가	645	
미지급비용 증가	480	
미지급 소득세 증가	83	$ 3,105
투자활동으로 인한 현금흐름		
토지, 건물 및 기계에 대한 지출	$ (3,050)	
무형자산 지출	(575)	(3,625)
재정활동으로 인한 현금흐름		
단기부채 증가	$ 125	
장기부채 증가	500	
추가적으로 발행한 주식	175	
현금 배당	(750)	50
한 해 동안 감소한 현금 보유량		$ (470)
올해 초 현금 보유량		3,735
올해 말 현금 보유량		$ 3,265

손익계산서

우리가 가장 알고 싶어 하는 것 중 하나는 사업을 했을 때 정말 이익이 날 것인지 난다면 금액은 얼마인지다. 그러므로 먼저 손익계산서를 이야기하고 난 후 대차대조표와 현금수지계산서를 차례로 살펴볼 것이다.

손익계산서란 일정 기간 발생한 판매 수익과 지출을 요약한 것 (예시 2-2는 1년을 기준)이다. 이 재무제표에는 일정 기간 누적된 총금액을 기록한다. 맨 첫 줄에는 판매활동으로 인한 수입이나 총소득이 적혀 있는데 이것이 매출액이다. 가장 아랫줄에 있는 것은 순수익으로 매출액에서 모든 지출을 뺀 최종 수익을 뜻한다.

이 책에서 예로 든 기업은 매출액 $52,000,000에서 모든 지출비용을 빼면 고작 5.1퍼센트인 $2,642,000가 순수익이다. 손익계산서는 층계를 하나씩 내려가듯 위에서 아래로 읽는다. 하나씩 내려가면서 하나, 혹은 그 이상의 지출비용을 차례로 차감한다. 제일 처음에는 매출액에서 매출원가를 차감하며 차액이 매상 총이익이다. 여기서 '총'이라는 단어를 앞에 붙인 이유는 아직 다른 지출비용을 차감하지 않았기 때문이다.

그다음에는 판매비 및 일반관리비와 감가상각비(특수 비용)를 통틀어 일컫는 운영비를 매상 총이익에서 차감한다. 여기서 남은 금액이 이자 및 세전이익이며 영업수익, 영업이익이라고도 한다. 그 후에는 채무에 관한 지급이자를 차감하는데 나머지를 소득 세전이익이라고 한다. 마지막으로 소득세 비용을 차감하며 손익계산서의 가장 마지막 줄에 기록하는 나머지 금액이 바로 순이익이다. 예시 2-4를 참조하면, 예시 2-2는 3단계를 거쳐 이익을 계산하지만 예시 2-4에서 보여주는 손익계산서는 마지막 순수익이 나오는 과정만 나타낸다는 것을 알 수 있다.

공기업은 주당순수익(Earnings Per Share, EPS)을 반드시 보고해야 한다. 주당순수익은 순수익을 공영주의 수로 나눈 것으로 개인사업자는 주당순수익을 보고해야 할 의무가 없으나 주주에게 이 수치는 매우 유용한 정보일 수 있다. 주당순수익은 12장과 17장에서 다시 자세히 다룰 것이다.

예시 2-4 단일구분 손익계산서(단위: 천 달러)

매출액	$ 52,000
매출원가 비용	(33,800)
판매 및 일반관리비	(12,480)
감가상각비	(785)
이자비용	(545)
소득세 비용	(1,748)
순이익	$ 2,642

이 책에서 예로 든 손익계산서에는 5가지 비용이 있다. 간혹 5가지 이상의 비용을 명시할 수 있지만 일반적인 기준에서 비용의 종류가 10가지 이상인 경우는 거의 없다(드문 일이 많이 발생한 해일 경우는 제외). 상품을 판매하는 기업이라면 반드시 매출원가를 정확히

보고해야 한다. 어떤 기업은 손익계산서에 감가상각비를 따로 명시하지 않는다. 하지만 매우 특수한 비용이기 때문에 다른 비용과 확실히 구분해야 한다.

예시 2-2를 보면 감가상각비 외에는 모든 운영비를 포함한 비용을 '판매비 및 일반관리비'라는 단 한 줄로 정리한 것을 알 수 있다. 하지만 대개는 두 가지 이상의 운영비를 명시한다. 마케팅, 홍보, 판매비용은 일반관리비와 따로 취급하는 것이 일반적이다. 다만 손익계산서에 비용을 얼마나 자세히 명시하는가는 회사마다 달라서 이 부분은 재무보고 기준에서 다소 벗어나 있다. 손익계산서에 명시하는 매출액과 비용은 일반적으로 승인된 조약을 따라 명시하고 있으며 조약의 요점은 다음과 같다.

- **매출액 :** 일정 기간 상품 혹은 서비스를 제공한 대가로 고객에게 받았거나 받을 수 있는 돈을 뜻한다. 매출액은 순익, 즉 할인된 가격으로 판매하거나 즉시 지급하는 조건으로 할인해 주거나 반품된 물건이 있을 때 원래 판매가격보다 공제된 금액을 차감한 나머지 액수를 뜻한다. 그래서 판매세는 매출액에 포함하지 않으며 소비세 역시 적용하지 않는 경우가 많다. 간단히 말해 매출액은 매출로 얻은 돈으로 기업에서 모든 비용을 제외하고 수익(최종결산 결과인 순수익)을 남길 수 있는 금액을 의미한다.
- **매출원가 비용 :** 매출원가의 정확한 정의는 일정 기간 고객에게 판매한 상품을 구매할 때 드는 총비용이다. 그러나 도둑맞거나 잃어버린 상품, 혹은 훼손되었거나 오래되어 상품가치가 떨어진 상품

은 명확하게 단정할 수 없는 것이 사실이다. 이 재고감모로 인한 손실비용은 매출원가 비용에 포함할 수 있다(혹은 이 손실비용을 다른 장부에 기재할 수도 있다).

■ **판매비 및 일반관리비** : 보편적으로 매출원가 비용, 감가상각비, 이자, 소득세를 제외한 모든 비용을 말한다. 한마디로 잡동사니를 담는 통처럼 따로 명시하지 않은 비용을 한곳에 모아둔 것이다. 이 책에서 예로 든 기업은 감가상각비를 운영비에 포함하지 않고 별도의 비용으로 구분한다. 광고나 마케팅 비용을 일반관리비와 구분하여 기재하는 기업이 있지만 어떤 기업은 연구개발비를 구분하기도 한다. 기업에 따라 종류가 몇 백 개나 되는 운영비를 크게 구분하거나 자세히 나눠 명시하기도 한다. 그 범위는 고용인 급여부터 법무 관련 수수료까지 다양하다.

■ **감가상각비** : 건물, 기계, 장비, 도구, 가구, 컴퓨터, 자동차 등 오랜 기간 보유하는 자산의 가격이 시간이 지나면서 감소하는 것을 비용으로 기록한 것이다. 감가상각비란 특정자산이 어느 정도 기간을 거치면서 가치가 변했을 때 발생하는 손실비용이다. 그러므로 절대 현금이 지출된 사항으로 기재할 수 없으며 다른 운영비에 비해 특수하게 발생하는 비용으로 간주한다.

■ **이자비용** : 일정 기간 채무에서 발생하는 이자 금액이다. 대출수수료 등 다른 융자 역시 여기에 포함한다.

■ **소득세 비용** : 정부에서 일정 기간 기업이 얻은 소득에 세금을 부과한 비용이다. 과세소득을 계산하는 세율은 액수에 따라 매우 복잡하다. 이 비용은 급여대상자 명단에 있는 실업보험 세금이나 사

회보장세 등 다른 세금은 포함하지 않는다. 소득에 부과하는 세금이 아닌 종류의 세금은 모두 운영비용에 포함한다.

대차대조표

예시 2-1에서 보여주는 대차대조표는 표준화된 구성방식을 기준으로 기업의 자산, 부채, 자본을 순서대로 분류한다. 금융기관, 공기업체, 철도산업기업 등 특정화된 기업은 항목 배치가 다른 대차대조표를 사용하지만, 제조업체, 소매업체 등 대부분 기업에서 사용하는 대차대조표는 예시 2-1 같은 구성방식을 따른다. 대차대조표의 왼쪽은 기업자산을 나타내며 오른쪽은 이에 관한 부채를 단기에서 장기 순서로 나열한다. 부채 아래쪽은 기업자본을 나타내며 모든 부채가 정리된 후에 소유주나 주주가 기업자산에 청구할 수 있는 금액을 낮은 순서대로 배열한 것이다. 대차대조표에 명시된 각각의 자산과 부채를 계정이라고 한다. 모든 계정에는 각각의 명칭과 금액을 명시하고 있으며 이를 계정 밸런스라고 한다. 예시 2-1은 최근인 작년과 올해의 연말 대차대조표를 보여준다.

계정 이름	계정 금액(밸런스)
재고자산	$ 8,450,000

대차대조표에 표기된 나머지 금액은 계정 밸런스의 소계 혹은 총계를 나타낸다. 예를 들어 유동자산 금액인 $17,675,000는 계정이 아니라 이러한 계정 그룹을 이루는 4가지 계정의 소계를 나타낸다. 소계나 총계 위로 그어져 있는 줄은 계정 밸런스에 추가사항이 있다는 것을 말한다. 또 위에서 보이는 것처럼 총자산에 두 줄이 그어져 있는 것은 그 금액이 열의 마지막임을 나타낸다. 예시 2-2에서 순수익 아래에 있는 두 개의 줄 역시 그것이 그 열의 마지막 금액임을 의미한다.

대차대조표는 손익계산서를 작성하는 기간의 마지막 날에 준비한다. 예를 들어 2009년 6월 30일 자 손익계산서라면 대차대조표는 2009년 6월 30일 자정에 준비해야 한다. 이때 대차대조표에 기록하는 금액은 그 순간의 계좌 밸런스를 나타낸다. 그야말로 찰나의 순간에 기업의 재정상태가 동결된다.

대차대조표는 일정 기간 기업의 자산, 부채, 자본계좌에서 발생하는 활동을 나타내는 것이 아니다. 대차대조표를 준비한 날짜, 그 순간의 계좌 밸런스가 얼마인지 보여준다. 예를 들어 예시 2-1을 보면 작년 마지막 날의 현금 보유량이 $3,265,000인 것을 알 수 있다. 이를 보고 한 해 동안 현금이 얼마나 들어오고 나갔는지 말할 수 있을까? 이 표만으로는 절대 그런 것까지 알 수 없다. 대차대조표 하나만으로는 현금흐름을 짐작조차 할 수 없다. 대차대조표의 계좌들은 특정한 순서 없이 나열한 것이 아니다. 오랜 시간 지켜온 규칙에 따라 다음처럼 세분화하여 나누거나 기본 그룹을 바탕으로 나열한다.

왼쪽(혹은 맨 위) 방향	오른쪽(혹은 가장 아래 부분) 방향
유동자산	유동부채
장기운영 자산	장기부채
기타 자산	자본

　유동자산은 현금과 한 번의 운영회전 기간에 현금으로 변환 가능한 자산을 일컫는다. 그리고 운영주기란 판매할 상품을 구매한 후 실질적으로 고객에게 돈을 받기까지의 과정을 의미한다. 순서대로 상품제조, 판매대기, 상품판매, 입금대기 과정을 거쳐 마지막으로 대금을 받는다. 이것이 가장 기본적인 기업의 운영 리듬이며 대부분 계속 이렇게 반복한다.

　회사의 운영회전기간은 60일 내외로 짧거나 180일 이상으로 길 수도 있다. 임시투자의 한 방편으로 소유하고 있는 유가증권이나 고용인에게 해준 단기대출처럼 운영회전기간에 직접 영향을 끼치지 않는 자산은 내년에 현금으로 변환이 가능하면 모두 유동자산으로 분류한다. 또한, 기업에서 운영비를 미리 지급했을 때 이 금액은 다음 기간이 되기 전까지 비용으로 분류하지 않는다. 이것이 선급비용이며 예시 2-1처럼 유동자산으로 구분한다.

　대차대조표에서 두 번째 자산으로 분류하는 그룹은 장기운영 자산이다. 고객에게 판매하는 자산이 아니라 기업 운영에 사용하는 자산으로 포괄적으로 보면 유형자산과 무형자산으로 다시 나눈다. 유형자산은 물질적으로 존재하는 자산으로 기계나 건물 등이 이에 속한다. 무형자산은 눈에 보이는 것은 아니지만 법적으로 보호받을 수 있는 권리(특허권이나 상표 등), 다른 회사와 차별화한 비결이나 명성 등을 말한다.

예시 2-1처럼 유형자산은 토지, 건물, 기계 계좌에 기록한다. 비공식적으로 이런 자산을 고정자산이라고도 하지만 대차대조표에서는 이 용어를 잘 사용하지 않는다. 고정이라는 말은 약간 강한 어감을 갖고 있는데 실제로 토지를 기업에서 소유하지 않는 이상 이 자산이 항상 고정되어 있거나 영원하지 않기 때문이다. 엄밀히 말하면 유형자산은 오랜 기간에 걸쳐 사용하는 운영자산으로 건물이나 기계, 장비, 트럭, 지게차, 가구, 컴퓨터, 전화기 등이 해당한다. 토지를 제외한 고정자산의 가치는 수명이 단축되면서 서서히 감소한다. 일정 기간이 지나면 각각의 고정자산이 지닌 가치도 일정하게 하락하는 식이다.

이처럼 고정자산의 수명이 사용기간에 따라 줄어드는 것을 감가상각이라고 한다. 1년 동안 감가상각으로 손해 보는 가치를 손익계산서에서는 비용이라고 일컫는다(예시 2-2 참조). 또 대차대조표에 자산을 취득한 날짜를 기록한 이후로 감소한 비용이 누적된 액수를 감가상각누계액이라고 한다. 예시 2-1을 보면 고정자산의 감소한 비용이 누적된 계좌의 밸런스는 처음 값에서 차감한다.

이 기업은 장기적으로 운영하는 다양한 종류의 유형자산을 소유하고 있으며 처음 취득했을 때의 가치를 기록한다. 이 자산의 가치가 더이상 경제적 이익이 없거나 가치가 소멸했다고 판단하기 전까지 장부에 남는다. 그리고 가치를 잃어버리는 순간 장부에서 지워지고 처음 가치 중 남아있는 액수는 비용으로 전환한다. 이를 감모상각비라고 한다. 최근까지는 유형자산의 가치를 할당할 때 기간은 기업마다 다른 것이 일반적인 관례였다. 그러나 사실 대부분 유형자산은 영구적이거나 측정 불가한 수명을 갖고 있다. 그래서 요즘은 자산이 사용가치를 상실할 때까지 기다렸다가 그때가 되면 비용으로 처리하는 것이 일반적인 추세다.

기타 자산은 유동자산이나 장기운영 자산 목록에 해당하지 않는 모든 것을 모아놓은 것이다. 이 책에서 예로 든 기업은 기타 자산이 없다. 유동부채로 기록되는 계좌는 단기부채로 지출해야 하는 금액을 유동자산에서 현금으로 변환시킨다. 단기부채는 거의 대부분 이에 해당한다. 또한, 대차대조표에서 상환기간이 1년 미만 또는 통상적인 운영주기 중 짧은 기간에 해당하는 채무 역시 이에 해당한다.

예시에 나타난 기업은 4개의 계좌에 유동부채를 갖고 있다(예시 2-1 참조). 장기부채(예시 2-1에서는 장기지급 어음으로 명시)는 대차대조표에 기록된 날짜를 기준으로 상환일이 1년 이상 또는 통상적인 운영주기 중 긴 기간에 해당하는 경우를 말하며 예시에서 기업은 장기부채를 하나만 갖고 있다. 본래 기업은 상환 일자나 이자율 등 장기부채에 관련된 모든 조항을 대차대조표나 주석에 공표하는 것이 원칙이다. 하지만 이 책에서는 가능한 간소화한 재무제표를 실었기 때문에 주석을 포함하지 않는다(주석에 관해서는 15장에서 자세히 다룰 예정이다).

부채는 자산에 대한 청구금액으로 현금이나 현금화될 자산을 부채상환에 사용한다. 또한, 이제부터 얻게 될 수익으로 생긴 현금도 사업에서 생긴 부채상환에 사용할 수 있다.

분명히 말하건대, 기업의 모든 부채는 대차대조표에 반드시 명시하여 기업의 재정상태를 투명하게 나타내야 한다. 부채는 자산의 한 자원으로 사용하기도 한다. 예를 들어 기업이 돈을 빌릴 때 기업의 현금 보유량이 증가하거나 기업이 대금을 나중에 치르는 조건으로 상품을 외상 구매하면 재고는 늘어난다. 기업이 아직 비용을 지급하지 않은 부채를 갖고 있으면서 현금으로 대금을 치르지 않는 것은 매우 흔한 현상이다. 대차대조표에 부채를 기록하는 또 다른 이유는 부채도 기업자산의 자원이기 때문이다.

다음 질문에 대답해 보자. 기업자산은 모두 어디에서 왔는가? 기업의 전체적인 재정상태는 자산이 어디에서 왔는지 보여준다. 기업의 총자산은 부채와 기업 소유주에서 나온다. 소유주가 돈을 투자하면 기업은 운영을 통해 수익을 만드는데 이 수익을 소유주에게 분배하는 것은 아니다.

우선 우리가 예로 든 기업은 법인기업으로 분류한다. 기업의 대차대조표에 나타난 자본 계좌는 총자산이 총부채를 초과한 상태이다. 예시 2-1을 보면 자본에는 주식과 이익잉여금 두 가지가 있다는 것을 알 수 있다.

소유주(법인기업 주주)는 사업에 필요한 자본을 투자하고 계좌 금액은 증가한다. 그 후 기업이 창출한 순수익에서 이익잉여금을 뺀 액수를 소유주에게 분배한다. 사실 이익잉여금의 본질은 혼동을 줄 수도 있다. 따라서 이 부분에 관한 설명은 이 책에서 너무 깊게 다루지 않을 것이나 몇 가지 강조해야 할 것이 있다. 이익잉여금은 절대 자산이 아니다. 이를 자산으로 여기는 생각을 머릿속에서 지워버리길 바란다.

- 많은 법인기업이 액면금액으로 주식을 발행한다. 액면금액은 주식을 발행할 때 정한 최소금액이다. 그러나 기업에 따라 액면금액 이상의 액수로 주식을 발행하기도 한다. 이렇게 액면금액을 초과한 금액은 주식발행 초과금 계좌에 저장한다. 이 책의 대차대조표 예시에 이 계좌가 없는 이유는 재무제표를 공표할 때 두 계좌 사이의 실질적인 차이가 거의 없기 때문이다.

 현금흐름표

예시 2-3은 기업의 손익계산서와 같은 해에 나온 현금흐름표를 보여주고 있다. 한 해의 대차대조표는 다른 두 활동의 재무제표인 손익계산서와 현금흐름표의 버팀목이 된다. 이 두 가지 재무제표는 한 해가 시작하고 끝날 때까지 변화된 재정상태와 이유를 보여주는 역할을 한다.

현금흐름표는 13장과 14장에서 폭넓게 설명할 예정이므로 여기에서는 간단하게 짚고 넘어가겠다. 1장과 이번 장에서 소개한 현금흐름표 예시 1-1(비공식)과 예시 2-3(공식)을 비교하면 많은 차이점을 알 수 있다.

먼저 현금흐름의 개요를 살펴보면, 매우 간단하고 알아보기 쉽다고 느낄 것이다. 그러나 현실적으로 사용하는 현금흐름표는 눈에 보이는 것보다 훨씬 더 많은 내용을 포함한다. 이러한 현금흐름을 이해하기 위해서는 우선 손익계산서와 대차대조표를 숙지해야 하고 이 두 개의 재무제표가 어떻게 관련되어 있는지 파악해야 한다.

자본변동표

대차대조표, 손익계산서, 현금흐름표와 함께 기업들은 필수적으로 자본변동표를 공시해야한다. 자본변동표는 대표적으로 자본금과 잉여금의 변화를 나타내는데 손익계산서에는 포함되지 않는 미실현손익의 변화도 보여준다. 자본의 변화는 손익계산서, 현금흐름표와 연결되어 있기에 단순히 자본변동표를 따로 보는 것이 아니라 4가지 중요 재무제표들을 연결해서 기업의 재무상태를 여러 시각으로 볼 수 있는 것이 중요하다.

수익이 전부가 아니다

PROFIT ISN'T EVERYTHING

 경영자가 책임질 3가지 과업 :
수익, 재정상태, 현금흐름

손익계산서는 기업의 수익창출 활동을 나타낸다. 따라서 여기에는 매출을 올리고 비용지출을 조정해서 수익창출을 얻어내는 경영자의 능력이 여실히 드러난다. 적절한 수익창출은 치열한 경쟁 속에서 살아남을 수 있는 핵심적인 요소며 기업에서 가장 중요한 재정 문제에 관한 경영자의 긴요한 임무다. 하지만 이것이 전부가 아니라는 점을 분명히 알아야 한다. 자고로 경영자는 수익창출 과정에서 발생하는 문제를 피하려면 기업의 재정상태를 확실히 조절할 수 있어야 한다. 적정 수위의 자산과 부채를 유지하면서 매출수익과 비용의 비율을 조정해야 한다. 특히 경영자라면 채무상환 일자가 되었을 때 현금이 부족하지 않도록 반드시 조정해야 한다.

경영자가 반드시 책임져야 할 임무에는 3가지가 있다. 적정 수준의 수익을 올리는 것, 기업의 자산과 부채를 조정하는 것, 현금흐름을 관리하는 것이다. 단지 수익을 올리는 것만으로 기업의 존폐를 결정하거나 현금을 확보할 수 없다. 기업의 재정상태는 판매와 비용지출에서 생기는 이익에서 비롯하므로 이 재정상태를 조절하지 않으면 수익을 보장하기 어렵다. 단순히 수익을 올리는 것만으로는 보유한 현금을 늘리지 못하며 오히려 현금을 소비하는 경우가 더 많다. 따라서 경영자는 수익창출을 극대화하고 이를 평가할 손익계산서를 적극 활용해야 한다. 당기 목표 매출수익을 올렸는가? 당기 매출이익이 다른 때보다 높은 이유는 무엇인가? 다른 비용보다 특히 많거나 적은 비용은 무엇인가? 수익을 분석할 때 이런 의문을 품는 것이 매우 중요하며 경영자는 끊임없이 문제점을 찾으려고 노력해야 한다.

또한, 경영자는 수익분석 외에도 재정상태와 현금흐름을 분석해야 한다. 큰 규모의 기업은 재정상태와 현금흐름 업무와 수익 업무를 구분한다. 이 중 재정상태와 현금흐름을 책임지고 있는 이를 CFO(Chief Financial Officer)라고 하며 CEO(Chief Executive Officer)와 이사회의 감독 아래 있다.

이들은 기업의 주요 3가지 재무 상태인 수익, 재정상태, 현금흐름을 포함한 큰 그림을 보는 임무를 맡는다. 하지만 작은 기업은 이 3가지 업무를 책임질 사람을 따로 임명하지 않는다. 기업 소유주나 경영자가 직접 재정상태와 현금흐름을 모두 조절하는 것이 일반적이다. 기업의 규모와 상관없이 각 분야의 재무제표, 수익창

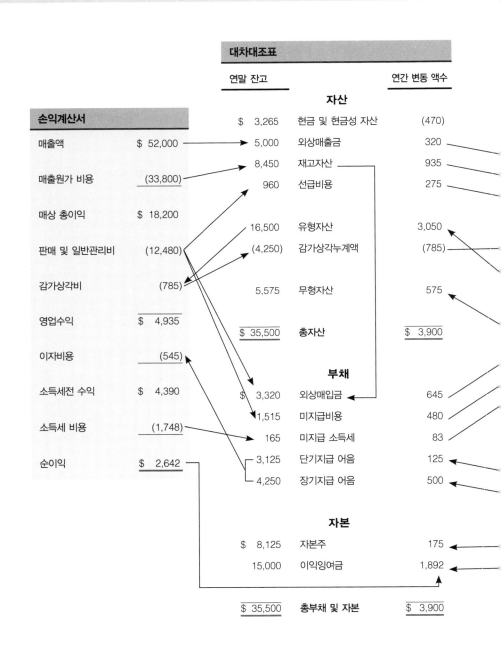

대차대조표

	연말 잔고		연간 변동 액수
		자산	
	$ 3,265	현금 및 현금성 자산	(470)
손익계산서	5,000	외상매출금	320
매출액 $ 52,000	8,450	재고자산	935
매출원가 비용 (33,800)	960	선급비용	275
매상 총이익 $ 18,200	16,500	유형자산	3,050
판매 및 일반관리비 (12,480)	(4,250)	감가상각누계액	(785)
감가상각비 (785)	5,575	무형자산	575
영업수익 $ 4,935	$ 35,500	**총자산**	$ 3,900
이자비용 (545)		**부채**	
소득세전 수익 $ 4,390	$ 3,320	외상매입금	645
소득세 비용 (1,748)	1,515	미지급비용	480
순이익 $ 2,642	165	미지급 소득세	83
	3,125	단기지급 어음	125
	4,250	장기지급 어음	500
		자본	
	$ 8,125	자본주	175
	15,000	이익잉여금	1,892
	$ 35,500	**총부채 및 자본**	$ 3,900

현금흐름표	
영업활동	
(손익계산서로부터 나온) 순이익	$ 2,642
외상매출금 증가	(320)
재고자산 증가	(935)
선급비용 증가	(275)
감가상각비	785
외상매입금 증가	645
미지급비용 증가	480
미지급 소득세 증가	83
영업활동으로 인한 현금흐름	$ 3,105
투자활동	
토지, 건물 및 기계의 소비 지출	$ (3,050)
무형자산 지출	(575)
투자활동으로 인한 현금흐름	$ (3,625)
재정활동	
단기부채 증가	$ 125
장기부채 증가	500
추가적으로 발행한 주식	175
현금 배당	(750)
재정활동으로 인한 현금흐름	$ 50
한 해 동안 감소한 현금 보유량	$ (470)

출에 관한 손익계산서, 재정상태를 점검하는 대차대조표, 현금흐름표를 준비하는 것은 매우 중요한 일이다.

재무제표 보고 시 발생하는 문제점

재무제표는 경영자를 포함해 기업에 관련된 모든 이에게 기업 정보를 알려 주지만 재정상태와 현금흐름에서 어떻게 수익을 창출하는지 직접 설명하는 것은 아니다. 손익계산서, 대차대조표, 현금흐름표는 각각 독립적으로 나타내는 바가 있기 때문에 자칫하면 이들 사이에 이루어지는 핵심적인 상호작용을 놓칠 수 있다. 특히 재무제표 사이의 연결 파이프는 명확하게 눈에 보이지 않는다.

2장의 예시 2-1, 2-2, 2-3은 각각 대차대조표, 손익계산서, 현금흐름표를 보여주며 가장 중요한 3가지 재무제표로 바다 위에 따로 떨어져 있는 섬처럼 각각 독립적으로 존재한다. 재무제표 사이에 교차적인 효과의 흔적이 확실하게 드러나지 않는다. 어쨌든 재무제표의 공표는 보는 사람들이 표 사이의 연결과 결합을 잘 이해하고 올바른 비교를 할 수 있다는 것을 전제로 한다.

예시 3-1은 손익계산서와 대차대조표가 어떤 관계에 있고, 대차대조표와 현금흐름표 사이에 어떤 차이가 있는지 보여준다. 이번 장에서 말하고 싶은 것은 3가지 재무제표가 서로 어우러져야 한다는 것이다. 손익계산서, 대차대조표, 현금흐름표는 서로 맞물려 상호작용하고 있으며 이에 관해서는 다음 장에서 설명하겠다.

3가지 재무제표
본질의 상호관계

예시 3-1은 각각의 재무제표가 서로 어떻게 관련 있는지 보여준다. 첫째, 손익계산서와 대차대조표 사이의 연관성을 화살표로 연결한다. 보고형식이라고 부르던 이전의 대차대조표는 세로 방향 형태로 가장 위에는 자산, 그다음에는 부채, 가장 아래 부분에는 주주지분을 나타내었다. 실제로 대부분의 대차대조표는 이런 형식으로 구성되어 있다.

예시 3-1에서 첫 번째, 두 번째 화살표는 매출수입이 외상매출계정에 작용하며 매출원가는 재고품계좌와 관계가 있다는 것을 나타낸다. 이런 식으로 화살표를 따라 손익계산서와 대차대조표의 상관관계를 알 수 있다. 이제부터 우리는 각각 연결된 조항을 한 번에 하나씩 살펴볼 것이다. 4장에서는 손익계산서의 매출수입과 대차대조표의 외상매출 계정 사이의 상관관계를 설명하고, 그에 해당하는 부분도 다음 장에서 계속 알아볼 것이다.

예시 3-1은 지난해 마지막 일자를 기준으로 하는 기업의 대차대조표와 현금흐름표를 중심으로 1년 동안 있었던 각 계좌의 변화를 보여준다. 사실상 연초에 기업의 자산, 부채, 자본은 제각기 다른 액수로 시작했다. 그 후 기업의 수익창출 활동에 영향을 받아 현금흐름의 양이 증가하거나 감소했음을 확인할 수 있다.

한 해 동안의 이익과 비용에 따른 순수한 현금은 기업의 자산과 부채 변화에 따라 증가(혹은 경우에 따라 감소)한다. 예시 3-1은 그 연관성을 나타낸다. 여기서 확실히 알아둬야 할 것은 현금흐름 기준으로 보았을 때 대차대조표에서 생긴 변화가 순수익의 증가 혹은 감소로 이어진다는 것이다. 현금흐름이 한 해 동안 기업의 매출 수입과 비용 결과를 결정한다.

마지막 부분을 보면 기업의 수익창출 활동으로 증가한 마지막 현금은 $3,105,000로 순수익 $2,642,000와 비교하면 차액이 매우 크다. 이것은 중요한 것을 알려준다. 예시에서 보여준 기업의 수익에서 비롯된 현금흐름은 작년 수익보다 $463,000 증가했다. 다른 경우라면 확실히 수익에서 비롯된 현금흐름이 순수익보다 더 적을 수 있다. 한 해 동안 기업의 자산, 부채, 자본을 눈에 띄게 변화시킨 현금흐름이 있었다. 이 역시 예시 3-1에서 알 수 있다.

현금흐름에서 각각 해당하는 대차대조표 계정으로 연결하는 선에 주목하길 바란다. 이 현금흐름 자료와 사용에 따라 대차대조표 수치가 변한다. 예시 3-1을 보고 단번에 모든 정보를 완벽히 습득하기 어려울 수 있다. 그러므로 한 번에 하나씩 짚어보도록 하자. 예시 3-1은 우리가 다음 장에서 하나씩 살펴볼 부분을 모아놓은 지도라고 생각하면 된다. 요컨대 재무제표를 볼 때는 서로 연결해주는 부분에 유의해서 지도를 보고 길을 잃지 않도록 해야 한다.

이제 여정을 떠나기 전에 해야 할 말이 있다. 실제 재무제표는 예시 3-1처럼 연결 부분을 화살표로 표시하지 않는다. 어떤 재무제표에서도 해당하는 조항을 묶어주는 선을 볼 수 없다. 회계사는 애초에 재무제표를 보는 사람은 예시 3-1처럼 각각 관련된 항목을 연결하는 선을 머릿속에 그릴 수 있다고 가정한다. 개인적으로 회계사가 우리를 너무 과대평가한다고 생각한다. 재무보고를 할 때 재무제표마다 연결되는 부분을 직접 표현한다면 훨씬 수월할 것이다. 하지만 그렇다고 너무 마음 졸일 필요는 없다.

 점의 연결

다년간 경험으로 나는 회사의 경영자나 고위 간부, 심지어 공인 회계사(CPA)도 예시 3-1에서 나타나는 재무제표 항목 사이의 연관성을 인지하지 못하는 경우를 자주 보았다. 이 책을 내고 나서 앞에 실린 예시의 액셀 파일을 요청하는 부탁을 무수히 받은 것이 그 증거다. 이때 그들이 언급하는 요점은 딱 한 가지, 재무제표 사이의 연관성 파악 방법이었다.

내가 미국 캘리포니아대학교 버클리캠퍼스에서 이 문제에 대해 1961년부터 강의를 시작했지만, 사실 그전까지만 해도 나도 이 연관성을 완전히 이해하지 못했다. 그런데 이미 절판된 옛 교재를 훑어보다가 미처 몰랐던 사실 한 가지를 발견했다. 각 재무제표는 따로 표기되어 있지만 결국 하나로 연결된다. 당시 나는 이미 박사학위를 갖고 있었음에도 이 중대한 사실을 미처 알아보지 못했다.

그러다 비로소 '연결된'이라는 표현에 큰 깨달음을 얻었다. 이 부분을 공부하며 나는 여러 대의 버스가 연결되어 있어 서로의 칸을 왕래할 수 있는 장면을 상상하고는 했다.

예시 3-1은 앞으로 여러 장에서 다룰 부분들을 조합한 뼈대라 할 수 있다. 각 장에서는 재무제표를 서로 연결하는 핵심을 하나하나 다룰 것이다. 이제부터 다룰 사항들이 여러분에게 부디 흥미롭고 도움이 되는 여정이 되길 바라며, 아마 그렇게 될 것이라고 확신한다.

4

매출액과 외상매출금

SALES REVENUE AND ACCOUNTS RECEIVABLE

 한 번에 하나씩
짚어보자

이번 장을 시작하기 전에 먼저 예시 4-1을 살펴보자. 여기에는 손익계산서에 있는 매출수입과 대차대조표에 있는 외상매출계정이 어떻게 연관되어 있는지 나타나 있다. 3장에 있는 예시 3-1에서 발생한 것이다.

예시 3-1은 손익계산서와 대차대조표가 서로 어떻게 엮여 작용하는지 보여주는 전체적인 지도다. 이번 장에서는 일단 이 연결 부분을 한 번에 하나씩 짚어보도록 하겠다. 예시 4-1에서는 손익계산서의 매출수입과 대차대조표의 외상매출계정을 연결하는 선만 표현했다.

대차대조표(연말)

자산

현금 및 현금성 자산	$	3,265
외상매출금		5,000
재고자산		8,450
선급비용		960
토지, 건물 및 기계		16,500
감가상각누계액		(4,250)
무형자산		5,575
자산 총계	$	**35,500**

부채와 자본

외상매입금	$	3,320
미지급비용		1,515
미지급 소득세		165
단기지급 어음		3,125
장기지급 어음		4,250
자본금		8,125
이익잉여금		15,000
부채와 자본 총계	$	**35,500**

연말에 당기 매출액의 5주 치가 미납인 상태라면 외상매출금은 다음과 같다.

$$\frac{5}{52} \times \$ 52,000 = \$ 5,000$$

손익계산서(연간)

매출액	$	52,000
매출원가		(33,800)
판매 및 일반관리비		(12,480)
감가상각비		(785)
이자비용		(545)
소득세 비용		(1,748)
순이익	$	2,642

메모 예시 4-1에 소개한 손익계산서와 대차대조표에는 소계를 싣지 않았다. 예를 들어 단 한 줄인 손익계산서에는 매상 총이익 등 수익의 중간 계산이 들어있지 않다. 마찬가지로, 대차대조표 역시 유동자산이나 유동부채, 또는 토지, 건물, 기계에 대한 감가상각누계액 소계를 포함하지 않는다. 소계를 제외한 이유는 재무제표를 쉽게 이해하도록 설명하기 위해서다.

메모 예시 4-1은 현금수지계산서를 포함하지 않는다. 대차대조표에서 생긴 변화와 현금수지계산서 사이의 연관성은 13장과 14장에서 다룰 예정이다. 이번 장에서는 다루지 않는다.

이번 장부터는 당분간 손익계산서에 나타나는 수익창출 활동으로 이어지거나 결정되는 자산이나 부채를 중심으로 이야기할 것이다. 그리고 자산과 부채는 대차대조표에 기록한다. 예를 들어 기업의 연말 매출액은 $52,000,000이며 이 중 $5,000,000는 외상매출금에 해당한다. 이 액수는 연간 매출에 포함되나 연말까지 정산 받지 못한 금액이다. 이제부터는 손익계산서와 대차대조표 사이의 연관성을 하나씩 살펴보도록 하겠다.

매출액이 외상매출금으로 연결되는 과정

이 책에서 예로 든 기업은 한 해 동안 총 $52,000,000의 매출을 달성했다. 이 금액에 따르면 한 주당 평균 $1,000,000의 매출을 올린 꼴이다. 매출이 발생할 때는 총매출 금액(상품의 판매 수량에 판매 가격을 곱한 수)을 매출액 계정에 기록하며 이 계정은 한 해 동안의 판매를 누적한다. 한 해의 첫째 날에는 계정 밸런스가 $0가 되고 마지막 날에는 $52,000,000가 된다. 간단히 말해 계정의 마지막 날

밸런스가 곧 한 해 동안 올린 총매출의 합이 된다(물론 모든 판매가 기록되어 있다는 것을 전제로 한다).

예시를 보면 기업에서 발생한 모든 판매가 외상으로 이루어졌다는 사실을 알 수 있으며 판매가 이루어진 후 얼마 동안은 현금이 유입되지 않았다. 특히 기업은 외상구매를 요청하는 업체에 판매한다(실제로는 슈퍼마켓이나 가스회사 등 많은 소매업자가 항상 현금 혹은 바로 현금으로 전환 가능한 신용카드로 거래한다). 외상으로 이루어진 판매 대금은 판매가 이루어진 즉시 외상매출금 계좌에 기록한다. 그리고 얼마 후 대금을 현금으로 수금하면 현금계좌 금액은 증가하고 외상매출금 계좌는 감소한다. 이렇게 고객에게 외상을 주면 현금 유입이 침체되는 일이 생긴다. 외상매출금 액수가 곧 현금 유입이 침체한 양이다. 연말정산 때 이 계좌에 들어 있는 금액은 기업이 아직 받지 못한 매출금 액수가 된다. 기업은 외상으로 판매한 대금 대부분을 연말이 되기 전까지 현금으로 전환했다. 또한, 작년에 판매한 대금이 연초에 외상매출금으로 남아 있었으며 이 금액은 연말에 모두 회수했다. 그러나 이해 후반부에 판매한 금액 중 상당 부분을 연말까지 회수하지 못했다. 받지 못한 대금은 연말의 외상매출금 계좌에서 확인할 수 있다.

기업의 고객 중 일부는 즉시 결제하면 할인 해주는 이점을 취하기 위해 즉시 결제한다(할인은 판매가격을 내리는 대신 현금회수를 원활하게 만든다). 하지만 보통은 이 할인을 받지 않더라도 5주 정도 후에 지급하는 방법을 택한다. 기업에서 더 빨리 지급해 달라고 아무리 노력해도 어떤 고객은 10주 이상 지나도록 지급하지 않고 버티기도 한다. 그러나 이 고객들은 대부분 단골이라 꾸준한 매출을 올릴 수 있는 대상이기 때문에 기업에서는 지급이 늦어도 그저 참고 견딘다. 요약하자면, 기업은 빨리 지급하는 고객, 적당한 기간 내에 지급하는 고객, 그리고 늦게 지급하는 고객 모두를 보유하고 있다.

고객의 대금 상환기간이 평균 5주라고 가정해 보자(모든 고객이 5주 안에 외상을 갚는다는 뜻이 아니라 대금을 상환하기까지 평균적으로 5주의 시간이 걸린다고 가정하는 것이다). 곧 연중 매출의 5주 치가 연말까지 상환되지 않는다는 것을 의미한다. 따라서 연중 매출과 연말 외상매출금 계좌의 상관관계는 다음처럼 생각할 수 있다.

$$\frac{5}{52} \times \frac{\text{연중 매출액}}{\$52,000,000} = \frac{\text{연말 외상매출금}}{\$5,000,000}$$

예시 4-1에서 외상매출금의 밸런스는 $5,000,000이며 연중 매출액 5주 치와 같다. 외상으로 준 판매 금액이 상환되는 평균기간이 외상매출금의 액수를 결정한다. 기간이 길어질수록 외상매출금의 액수도 커진다. 이 발상을 다른 부분에도 적용해 보자. 만약 우리가 기업의 외상판매 금액의 상환기간을 모른다고 가정해 보자. 그래도 우리는 재무제표 정보를 이용해 평균 상환기간을 유추할 수 있다. 첫 단계는 다음 비율을 계산하는 것이다.

$$\frac{\text{매출액 } \$52,000,000}{\text{외상매출금 } \$5,000,000} = 10.4\text{번(횟수)}$$

이 계산으로 우리는 외상매출금 순환비율이 10.4번이라는 사실을 알 수 있다. 비율을 52주(1년)로 나누면 외상금액 상환에 평균 몇 주가 걸리는지 알 수 있다.

$$\frac{52주}{10.4\ 외상매출금\ 순환\ 비율} = 5주$$

사업에서 시간은 매우 핵심적인 요소다. 회사 경영자뿐 아니라 채권자, 투자자 모두 외상매출금을 현금으로 전환하는데 얼마나 시간이 걸리는지 초점을 맞추고 있다. 개인적으로 외상매출금의 현금 전환에 몇 주가 걸리는지 계산할 때 외상매출금 순환비율은 굉장히 의미 있는 수치라고 생각한다.

외상으로 준 대금의 상환기간이 평균 5주라고 하면 너무 오래 걸리는 것이 아니냐고 생각하는 사람이 있을 수 있다. 여기서 반드시 알아야 할 점은 적절한 상환기간은 무엇인가다. 경영자는 감당할 수 있을 만큼 상환기간을 정하고 책임을 져야 한다. 또한, 외상 기간을 단축하거나 늦게 지급하는 고객이 외상으로 구매하지 못하도록 막고 수금에 좀 더 노력을 기울여야 한다. 고객에게 외상을 줄 때의 방침이라든가 마케팅 전략 등 고객관리에 관련된 부분은 회계와 동떨어진 분야이므로 이 책에서는 다루지 않을 것이다. 핵심은 기업이 외상으로 매출을 올린 평균기간이 5주가 아니라 4주라는 점이다.

또 다른 시나리오는 연말에 기업의 외상매출금 밸런스가

$1,000,000 적은 $4,000,000가 되는 것이다($\frac{4}{52}$×연간 매출액 $52,000,000 = $4,000,000).

기업은 한 해 동안 $1,000,000 이상의 현금을 회수했으므로 금액만큼 돈을 빌리지 않을 수 있었다. 연간 이율이 6퍼센트라면 기업은 소득세 $60,000를 절약할 수 있다. 혹은 소유주가 이 액수만큼 투자를 적게 하는 대신 필요한 다른 곳에 돈을 사용할 수 있다. 물론 여기에서 핵심은 자본에서 비용이 발생한다는 점이다. 과도한 외상매출금이 발생했다는 것은 부채나 기업에서 사용한 소유주의 자본이 과도했다는 뜻이다. 그러므로 기업이 자본을 원래 필요한 만큼 효율적으로 사용하지 못했다는 결론이 나온다.

고객으로부터 수금을 잘하지 못하거나 외상 상환기간을 늘리는 정책을 갑자기 의도적으로 바꾸는 것은 외상매출액을 증가시키는 계기가 된다. 그 결과 현금 밸런스가 적어져서 자본에 추가로 투자할 때 기업이 더 많은 노력을 기울이게 된다. 기업의 경영자는 연간 매출금의 5주 치인 외상매출금 액수가 외상 상환기간과 상환정책에 맞는지 결정해야 한다. 5주라는 기간이 너무 길면 조처를 해야 한다.

채권자나 투자자라면 기업 경영자가 허용하는 외상상환 평균기간이 얼마인지, 잘 통제하고 있는지 관심을 둬야 한다. 외상상환의 평균기간 변동은 기업 정책을 바꿀 수 있는 핵심이다.

회계 이슈

이번 장과 다음 장에서는 손익계산서와 이에 상응하는 대차대조표 사이의 연관성을 중심으로 이야기할 것이다. 이번 장은 지금까지 언급했던 계정과 관련된 회계에서 발생하는 가장 중요한 문제를 간단히 언급하는 것으로 마무리하겠다. 사실 간단히 짚고 넘어가는 것만으로 회계에서 발생하는 문제를 전부 설명하기란 어렵다. 그저 표면만 살짝 건드리는 것에 불과할지도 모른다. 하지만 재무제표에 나온 숫자들은 전적으로 그 숫자만큼의 돈을 만드는데 사용한 회계방식에 달린 만큼 어떤 기업이든 회계 최고 담당자가 매출액과 비용을 기록하는 방식을 결정해야 한다.

매우 당연한 일이지만 사실 모든 기업이 온당한 결정을 내리는 것은 아니다. 여러분은 잘 모르겠지만, 회계를 다루는 방식은 기업마다 제멋대로인 경우가 부지기수다. 그래서 선택한 회계방식에 따라 수익창출이 낮아지거나 높아질 뿐만 아니라 그에 따른 자산과 부채 액수도 달라진다. 그렇다면 회계에서 매출과 비용에 관련된 핵심 이슈는 무엇일까? 매출을 기록할 때 가장 큰 문제는 타이밍이다. 판매가 언제 이루어졌는지 기간 종료 시점은 언제인지가 항상 정확하지 않다. 고객이 상품을 구매한 후 만족하지 못해서 반품할 수도 있고 세일 기간이 끝난 후에 할인을 요청하는 경우도 있다. 아무리 세일 기간이 끝났어도 판매가격은 흥정할 수 있기에 이런 일이 종종 발생한다. 게다가 품질보증기간과 보상으로 발생하는 비용도 고려해야 할 문제다.

특히 외상으로 판매해서(외상매출금) 만들어진 자산은 결국 현금을 전혀 회수하지 못하거나 일부만 회수할 위험성이 있다. 회사는 돌려받지 못한 비용(대손금액)을 어느 시점에서 기록해야 할까?

간단히 말해 회계에서 판매를 둘러싸고 발생하는 모든 문제는 매우 심각하고 정도도 다양하다. 그러므로 기업은 매출액을 기록하는 방식을 재무제표의 주석에 공시해서 모든 사항을 명확히 밝혀야 한다.

매출원가 비용과 재고자산

COST OF GOODS SOLD EXPENSE AND INVENTORY

 판매대기 상태인
재고자산

이야기를 시작하기 전에 먼저 예시 5-1을 참조하길 바란다(4장에서 예시 5-1을 종합적으로 설명했으며 이 예시는 다음 장에서도 계속 나올 예정이다). 이번 장에서는 손익계산서의 매출원가 비용과 대차대조표 재고자산의 연관성을 이야기할 것이다.

이 책 처음에 기업이 상품, 혹은 '제품', '물품'을 판매한다고 했던 부분을 다시 한 번 상기해 보자. 매출원가 비용은 말 그대로 한 해 동안 고객에게 판매한 상품에 들어간 모든 비용을 말한다. 판매로 얻은 수익은 매출액 계정에 기록하며, 매출원가 비용 계정 위에 표시한다(예시 5-1 참조). 매출원가는 손익계산서에서 가장 큰 비중을 차지하는 비용으로 연간판매 및 일반관리비의 거의 3배에 달하

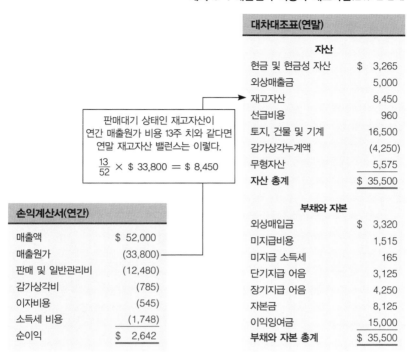

대차대조표(연말)

자산		
현금 및 현금성 자산	$	3,265
외상매출금		5,000
재고자산		8,450
선급비용		960
토지, 건물 및 기계		16,500
감가상각누계액		(4,250)
무형자산		5,575
자산 총계	**$**	**35,500**

부채와 자본		
외상매입금	$	3,320
미지급비용		1,515
미지급 소득세		165
단기지급 어음		3,125
장기지급 어음		4,250
자본금		8,125
이익잉여금		15,000
부채와 자본 총계	**$**	**35,500**

판매대기 상태인 재고자산이 연간 매출원가 비용 13주 치와 같다면 연말 재고자산 밸런스는 이렇다.

$$\frac{13}{52} \times \$\,33,800 = \$\,8,450$$

손익계산서(연간)

매출액	$ 52,000
매출원가	(33,800)
판매 및 일반관리비	(12,480)
감가상각비	(785)
이자비용	(545)
소득세 비용	(1,748)
순이익	$ 2,642

는 액수다.

이처럼 비용을 기록할 때 매출원가 비용이 가장 처음에 나오는 이유는 판매할 때 가장 먼저 발생하는 비용이기 때문이다. 손익계산서에 관한 설명을 상기해 보면 이 비용이 매출액에서 차감되면서 남은 금액이 매상 총이익으로 기록된다는 것을 알 수 있다(예시 2-2의 손익계산서를 참조).

예시 5-1에서는 손익계산서와 대차대조표 사이의 연관성을 강조하기 위해 매상 총이익을 따로 구분해 명시하지 않았지만 사실

회계에서 가장 중요한 요소다. 여기서 '총'이라는 단어를 사용하는 이유는 매출액에서 아직 다른 비용을 차감하지 않았다는 것을 강조하기 위해서다. 물론 이 표의 가장 아래 부분(순수익)까지 가기 위해서는 차감해야 할 비용이 더 있다. 회계에서 매상 총이익은 당기 동안의 수익을 올바르게 산출하는 여정의 시작점이다. 일단 상품을 판매해서 충분한 매상 순이익을 남기고 후에는 다른 비용을 충당하고도 수익을 남겨야 한다. 다음 장에서는 다른 여러 가지 비용을 다룰 것이다.

계산하면 매출원가 비용이 매출액의 65퍼센트를 차지하며 매상 총이익은 매출액의 35퍼센트라는 사실을 알 수 있다. 기업은 많은 종류의 상품을 판매하는데 어떤 상품은 35퍼센트 이상, 어떤 상품은 그 이하의 매상 총이익을 남긴다. 합치면 한 해 동안 상품을 판매한 결과, 평균 매상 총이익 35퍼센트를 달성한 것으로 전 세계적으로 보았을 때 평균 매상이다. 반면 매상 총이익이 50퍼센트를 넘거나 20퍼센트에 미치지 못하는 기업은 흔치 않다. 상품을 판매하려면 어느 정도 물품을 항시 보관하고 있는데 이를 재고품이라고 한다. 만약 어떤 기업의 대차대조표에서 재고가 하나도 없다면 정말 놀랄 일이다.

예시 5-1을 참조하면 매출액과 재고품이 아닌 매출원가 비용과 재고품을 연결하고 있음을 알 수 있다. 재고자산을 대차대조표에 기록할 때는 판매가격이 아닌 원가비용을 기록하는 것을 원칙으로 한다.

재고자산 계정에는 상품을 구매하거나 제조한 비용을 누적하여 기록하고 상품이 고객에게 팔릴 때까지의 비용을 추가한 금액을 기재했다가 일단 판매하면 상품 비용은 재고자산 계정에서 지우고 매출원가 비용으로 처리한다(상품을 판매할 수 없는 경우, 즉 훼손되거나 도난당하면 상품 비용은 재고자산 계정에서 지워지고 매출원가 비용이나 다른 비용으로 처리한다. 이번 장 마지막 부분에서 설명할 것이다).

예시에서 기업의 연말 재고 밸런스는 $8,450,000이며 내년에 판매할 상품의 비용이 된다. 손익계산서를 보면 한 해 동안 판매한 상품의 매출원가 비용 $33,800,000가 매출액에서 차감된 것을 알 수 있다. 물론 차감된 비용에 해당하는 상품은 연말 재고자산에 남지 않는다.

기업이 판매하는 상품 중에는 제조기간이 긴 것이 있고 비교적 짧은 것이 있다. 일단 제조한 상품은 기업이 소유한 창고로 옮겨 고객에게 판매할 때까지 보관한다. 어떤 상품은 들어오는 즉시 팔리지만, 다른 상품은 몇 주 동안 창고에 보관하기도 한다. 각각의 기업은 다양한 종류의 제품을 판매하고 있으며 상품판매까지의 기간이 모두 다르다. 예를 들어 재고품을 판매하기까지 평균 13주나 석 달이 걸린다면 그 기간은 물건의 제조과정에 드는 시간과 창고에 보관되어 있던 시간을 합친 것이다. 예를 들어 제조에 3주가 걸리고 10주 동안 보관하는 것이다. 물론 반대도 있다. 그래서 내부적으로는 제공품(아직 제조과정 중에 있는 품목)과 완성품(고객에게 판매될 준비가 되어 있는 품목)을 구분한다.

일반적으로 외부용 대차대조표에는 예시 5-1처럼 한 가지가 포함된 재고자산을 기록한다. 재고품을 보관하는 기간이 평균 13주라고 했을 때 기업의 재고비용은 다음과 같다.

$$\frac{13}{52} \times \begin{array}{c} \text{한 해 동안의 매출원가 비용} \\ \$33,800,000 \end{array} = \begin{array}{c} \text{연말 재고자산} \\ \$8,450,000 \end{array}$$

예시 5-1을 보면 기업의 연말 재고 밸런스가 $8,450,000인 것을 알 수 있다. 이 부분의 핵심은 재고품을 보관하는 평균기간이 연간 매출원가 비용과 관련 있는 재고품의 규모를 결정한다는 것이다. 제조기간과 보관기간이 길어질수록 재고품의 규모도 커진다. 그러므로 경영자는 점유하고 있는 제품이 다 떨어져서 고객에게 팔지 못하는 상황을 피하면서 가능한 한 최소한의 재고품을 보관해야 한다. 실제로 기업에서는 재고품에 상당한 투자를 한다.

이제 기업이 재고품을 보유하는 평균기간을 모른다고 가정해 보자. 재무제표에서 알 수 있는 정보를 이용해 이를 유추할 수 있다. 첫 단계로 다음 비율을 계산한다.

$$\frac{\text{매출원가 비용 } \$33,800,000}{\text{재고품 } \$8,450,000} = 4\text{번(횟수)}$$

계산 결과는 재고 회전율이다. 이를 52주로 나누면 재고품을 보유하고 있는 평균기간이 나온다.

$$\frac{52주}{4번의 재고 회전율} = 13주$$

앞 장에서 고객에게 외상을 주는 기간이 중요하다고 했는데 여기에서도 시간은 매우 중요하다. 기업의 경영자뿐 아니라 채권자나 투자자가 관심을 갖는 부분이 바로 제품판매 전까지 얼마나 오랫동안 재고로 남아있는가이다. 나는 이 부분을 결정할 때 재고 회전율을 매우 의미 있는 수치로 활용할 수 있다고 생각한다.

13주가 너무 길다고 느껴지는가? 그렇다면 재고품을 보유하는 평균기간을 더 줄여야 맞는 것일까? 기업의 경영자나 채권자, 투자자가 답을 구해야 할 부분이 분명히 있다. 만약 필요 이상의 기간 동안 재고품이 남아있다면 과도한 액수의 자본이 재고자산에 묶이고 그만큼 은행에서 보유하는 현금이 부족해진다. 이를 증명하고자 한 예를 들겠다. 만약 기업이 재고자산을 좀 더 잘 관리했다면 재고품을 보관하는 평균기간이 10주로 줄었을 것이다. 굉장히 큰 발전이다. 실제로도 소위 공급망 관리라고 부르는 현대 재고관리 기술을 활용하면 이 같은 혁신을 이룰 수 있다. 만약 이 회사가 재고품 보관기간을 10주로 줄이면 연말 재고자산은 다음과 같다.

$$\frac{10}{52} \times \frac{\text{한 해 동안 판매한 상품의 매출원가 비용}}{\$33,800,000} = \frac{\text{연말 재고자산}}{\$6,500,000}$$

이렇게 되면 연말 재고자산이 무려 $1,950,000나 줄어들고 ($8,450,000−$6,500,000) 이 금액만큼 자본투자액이 적게 들거나 현금 보유량이 증가한다.

요약하면 경영자와 채권자, 투자자는 재고 보관기간이 지나치게 길거나 짧은건 아닌지 주의 깊게 살펴야 한다. 기간이 지나치게 길면 자본을 낭비하고 너무 짧으면 수익을 낼 기회를 놓치기 때문이다. 또한, 경쟁기업의 재고 보관기간이 얼마나 되는지 비교하고 그동안 적용한 정책 중 효율적인 것을 골라 벤치마킹해야 한다.

 회계 이슈

매출원가 비용과 재고비용에 관한 회계는 많은 문제를 일으킬 수 있다. 우선 자사제품을 가진 기업들이 제조하는 상품의 비용 결정에 심각한 문제점을 지닌다. 결코 쉽게 풀 수 있는 문제가 아니다. 각 대학에서 제안하는 회계 프로그램의 요점은 단 하나다. 각각 다른 상품마다 제조 간접비용을 배분하면 또 다른 비용이 든다는 점이다. 이것은 현대 기업의 가장 큰 문제점 중 하나다. 예를 들면 각각 다른 제품 부서를 순찰하는 경비원의 비용을 어떤 기준으로 나눌 것인지, 혹은 수백 가지에 이르는 상품을 생산하는 공장시설의 감가상각비를 어떻게 계산해야 할지 등이 있다.

소매업자, 도매업자, 유통업자는 재판매가 가능한 물품을 구매한다. 이들은 구매한 상품을 재판매할 때 드는 비용 결정이 제조업자나 재판매업자와 비교했을 때 상대적으로 훨씬 쉬울 것이다. 물론 이들에게도 곤란한 문제는 있다. 일단 취득한 제품을 한 번 기록하면(제조업자와 재판매업자 모두) 서서히 다른 귀찮은 점이 발생한다. 요컨대 제품비용이 계속 변동을 거듭하고, 회계기간이 넘어갈 때마다 제품 가격 또한 오르락내리락한다.

어떤 기업이 각각 $100, $104인 두 가지 상품을 구매했다고 가정하자. 기업이 그중 하나를 판매한다면 재고자산 계정에서 지우고 매출원가 비용을 기록할 때의 액수는 얼마일까? 회계사는 $100(선입선출법), $102(평균원가법), $104(후입선출법)의 3가지 답을 구한다. 실제로 이 방법은 모두 사용할 수 있으며 기업마다 다른 방식의 원리를 사용한다.

여러분은 아마 기업이 매출액을 계산할 때 매상 총이익을 가장 많이 낼 수 있는 원리를 선택할 것이라고 생각할 것이다. 일반적으로 기업의 판매가격을 일정하게 만들어주는 것이 가장 좋은 방법이지만 그렇다고 항상 통하는 것은 아니다. 때로는 어떤 특정한 이유 때문에 매출원가 비용을 계산하는 방법을 달리 정하기도 한다. 이 경우 그 방법은 판매가격 책정정책과 일치할 수도 있고 아닐 수도 있다.

재고자산 계정은 정가에 팔지 못해 생긴 손실, 대체비용, 망가지거나 없어진 제품(상품을 매장에서 도둑맞거나 직원이 잃어버린 경우)을 기록한다. 이것은 매출원가 비용 계정에 기록하거나 다른 비용 계정에 기록할 수도 있다. 그러나 왜 이런 손실을 보았는지 공표하거나 공시하지 않는 기업이 많다.

일단 어떤 계산원리를 사용할 것인지 결정했다면 어떤 방법으로 매출원가 비용을 계산할 것인지 재무제표 주석에 분명히 밝혀야 한다. 만약 후입선출법을 사용하는 기업이라면 재무제표 주석에 보유하고 있는 재고자산의 합리적인 현재 가치를 기재해야 한다. 만약 재고자산에 심각한 가치 훼손이 발생하면 주석에 이 사실을 공시해야 한다. 하지만 유감스럽게도 재고에 관한 주석은 이해하기 어렵고 전문적인 기술이 필요하다.

재고자산과 외상매입금

INVENTORY AND ACCOUNTS PAYABLE

 외상으로 재고를
매입하는 것

　이번 장을 시작하기 전에 먼저 예시 6-1을 눈여겨보길 바란다. 이번 장에서는 대차대조표상의 재고자산 계정과 외상매입금 부채 사이의 상관관계에 초점을 두고 이야기할 것이다. 사실상 모든 기업이 대차대조표에 외상매입금을 기록한다. 외상매입금은 기간이 짧고 이자가 발생하지 않는 부채며 외상으로 구매했을 때 발생한다. 또다른 외상매입금은 재고품을 외상으로 구매하거나 비용을 즉시 지급하지 않았을 때 발생하는 비용이다. 따라서 우리는 외상매입금을 이 두 가지로 분류해서 알아보겠다(예시 6-1 참조).

　4장과 5장에서는 손익계산서와 대차대조표 사이의 상관관계를 알아보았으니 이제 두 가지 대차대조표 사이의 연관성을 살펴볼

대차대조표(연말)

자산

현금 및 현금성 자산	$ 3,265
외상매출금	5,000
재고자산	8,450
선급비용	960
토지, 건물 및 기계	16,500
감가상각누계액	(4,250)
무형자산	5,575
자산 총계	$ 35,500

> 자산 관련 구매에 사용한 연말 외상매입금이 재고자산 13주 치와 같다고 가정할 때, 재고자산에 대한 외상매입금은 다음과 같다.
>
> $$\frac{4}{13} \times \$\ 8,450 = \$\ 2,600$$

부채와 자본

외상매입금	$ 2,600	
외상매입금	720	$ 3,320
미지급비용		1,515
미지급 소득세		165
단기지급 어음		3,125
장기지급 어음		4,250
자본금		8,125
이익잉여금		15,000
부채와 자본 총계		$ 35,500

손익계산서(연간)

매출액	$ 52,000
매출원가	(33,800)
판매 및 일반관리비	(12,480)
감가상각비	(785)
이자비용	(545)
소득세 비용	(1,748)
순이익	$ 2,642

것이다. 이번 장에서는 자산에서 비롯된 매출액이나 비용이 아닌 재고가 어떻게 부채로 연결되는지 설명하겠다. 우리가 예로 드는 기업은 제조업체로 판매할 상품을 자체적으로 생산한다. 기업의 상품판매 과정은 일단 판매할 제품의 원자재 구매부터 시작한다. 이 과정은 물건을 받고 즉시 지급하지 않는 외상으로 이루어진다. 원자재와 더불어 필요한 다른 재료 역시 외상으로 구매한다. 예를 들면 기업은 한 달에 한 번 매달 사용한 가스요금과 전기요금 청구서

를 받지만 몇 주 후에 낸다. 상품을 생산할 때 필요한 자재 역시 이와 같은 방식으로 구매한다.

이와 대조적으로 소매업자나 도매업자(유통업자)는 판매상품을 제조하는 것이 아니라 즉시 판매 가능한 상품을 구매해서 판다. 그러나 이들 역시 제조업체와 마찬가지로 상품을 외상으로 구매하고 재고는 외상매입금으로 기록한다. 예시 6-1의 대차대조표 맨 첫 줄과 둘째 줄에서 보듯이 기업은 생산 관련 자재를 외상으로 구매한 부채 $2,600,000를 갖고 있다. 이와 더불어 판매 및 일반관리비 역시 외상매입금이다. 예시 6-1의 두 번째 외상매입금을 보면 기업이 아직 지급하지 않은 고지서 금액이 $720,000인 것을 알 수 있다. 이처럼 내지 않은 비용 때문에 발생한 외상매입금은 7장에서 자세히 이야기하겠다.

대부분 기업에서 외상 기간은 재고자산 보관 기간보다 훨씬 짧기 때문에 재고자산 보관 기간보다 더 빠른 기간 내에 외상매입금을 갚는다. 5장에서 설명한 것처럼 기업은 상품의 제조부터 판매까지 평균 13주가 걸리지만, 외상매입금 지급까지는 평균 4주가 걸린다. 특히 외상 금액 중 일부는 빨리 지급한다. 바로 지급하면 판매업체에서 할인해주기 때문이다.

하지만 이 외의 다른 청구서는 청산하기까지 최소 6주 이상이 걸렸다. 대부분 기업은 그동안의 경험이나 정책을 바탕으로 제조 관련 구매 시의 평균 매입금 지급기간을 잘 알고 있다. 기업이 부채를 갚는 기간은 평균 4주 정도다. 따라서 재고자산과 관련된 구매로 생긴 연말 외상매입금 밸런스는 다음과 같다.

$$\frac{4}{13} \times \begin{array}{c}\text{재고자산}\\\$8,450,000\end{array} = \begin{array}{c}\text{외상매입금}\\\$2,600,000\end{array}$$

간단히 말해 재고자산 밸런스의 $\frac{4}{13}$와 부채 금액이 같다. 그러나 기업은 재고자산을 보관하는 처음 4주 동안에는 외상으로부터 자유롭다. 재고자산을 제조하고 외상을 갚기까지 그만큼 시간이 있기 때문이다. 재고품을 보관하는 9주 동안 남은 부채와 자본에 투자한 주주의 지분을 정리해야 한다. "공짜 점심이란 없다." 경제학자들이 즐겨 하는 말이다. 세상에 공짜는 없다는 말로 예시의 사례에도 그대로 적용된다.

앞의 설명만 보면 외상을 상환하지 않는 4주 동안은 공짜라고 생각하기 쉽지만 일부는 맞고 일부는 틀리다. 판매업자는 고객이 돈을 갚는 것을 더 늦춰주기 위해 외상 금액을 조금씩 높이면서 더 많은 금리를 부과한다. 비록 적은 금액이지만 결국 구매자가 그 돈을 모두 충당해야 한다.

회계 이슈

회계 재고자산에 관한 이슈는 5장 마지막 부분에서 자세히 다루었다. 엄밀히 말하면, 기업이 외상매입금을 지급하지 못해서 문제가 생기는 경우는 거의 없다. 따라서 재무보고서를 볼 때 주목해야 할 부분은 기업이 자신의 부채를 어떻게 공개하고 있는가다. 재무제표는 기업의 외상매입금을 바로 지급하는 것을 전제로 작성해야 한다. 그러나 어떤 기업이 하나, 혹은 그 이상의 채권자와 금액에 관한 협상을 한다고 가정해 보자. 만약 금액조정 문제를 포함해 서로 조건이 맞지 않아 협상이 이루어지지 않았다면 기업은 재무제표에 협상 내용을 공개해야 한다.

또한, 재무제표는 외상매입금을 받을 채권자(기업 측에 돈을 빌려준 쪽)가 다른 채권자와는 별도로 청구하지 않는 것을 전제로 작성해야 한다. 외상매입금 채권자는 기업의 일반채권자와 같은 권리를 가져야 하며, 기업자산에 예외적으로 청구할 수 없다. 만약 예외로 채권자가 돈을 청구할 권리가 있다면 기업은 재무제표에 이 부분을 분명히 밝혀야 한다.

재무제표를 볼 때 염두에 둬야 할 것 중 하나는 바로 회사 외상매입금을 유동성 있게 간주할 수 있어야 한다는 것이다. 재무제표는 기업의 부채가 오랫동안 연체되지 않았다는 것을 전제로 해야 한다. 어떤 기업의 전체 외상매입금 중 50퍼센트를 2~3개월 동안 연체했다면 기업은 재무제표에 이 사실을 공개하고 설명해야 한다. 그리고 굳이 강조하면 외상매입금에는 이자가 붙지 않으므로 이자가 발생하는 다른 채무와 확실히 구분해야 한다. 예시 6-1을 보면 이자가 발생하는 채무(지급 어음)는 별도로 명시하고 있다. 하지만 오랫동안 연체된 외상매입금은 채권자의 뜻에 따라 이자가 누적되는 일도 있다.

이쯤에서 확실히 해야 할 것이 있다. 지금까지 말한 외상매입금의 공개기준은 실제 재무보고서와 반드시 일치하지 않는다. 사실 모든 기업이 외상매입금 정보를 공개하지 않는다. 나는 개인적으로 기업은 재무보고서에 모든 것을 완전히 공개해야 한다고 생각하지만, 실상은 그렇지 않다. 실제 재무제표를 살펴보면 외상매입금을 상환하지 못해 발생한 부채정보는 거의 찾아보기 어렵다. 개중에는 심지어 부채가 전체 자산의 10퍼센트 이상을 차지하고, 대차대조표 발행일을 기준으로 부채가 기업의 현금 보유액을 초과하는 경우도 있다(다음 예시를 참조하길 바란다).

운영비와 외상매출금

OPERATING EXPENSES AND ACCOUNTS PAYABLE

 지출 발생
전비용 기록

　이야기를 시작하기 전에 먼저 예시 7-1을 참조하길 바란다. 이 표에서는 손익계산서의 판매, 일반 및 관리비와 대차대조표에 나타난 두 번째 외상매입금 사이의 관계를 강조한다. 6장에서 언급한 두 가지 외상매입금에 관한 설명을 떠올려 보자. 외상매입금에는 외상으로 구매한 재고자산과 지급을 미룬 비용이 있다. 이번 장에서는 이 비용이 어떻게 회사에 부채로 남는지 설명할 것이다.

　모든 기업에서는 여러 가지 운영비가 발생한다. 운영이라는 용어는 매출원가 비용이나 이자, 소득세 비용을 포함하지 않는다. 예시처럼 기업은 감가상각비를 다른 비용과 구분해서 기록한다. 이때 각종 운영비는 판매, 일반 및 운영비라고 이름 붙인 하나의 통

손익계산서(연간)

매출액	$ 52,000
매출원가	(33,800)
판매 및 일반관리비	(12,480)
감가상각비	(785)
이자비용	(545)
소득세 비용	(1,748)
순이익	$ 2,642

연말에 당기 판매 및 일반관리비를 3주 치 미지급했다면, 미지급비용은 다음과 같다.

$$\frac{3}{52} \times \$\ 12,480 = \$\ 720$$

대차대조표(연말)

자산

현금 및 현금성 자산		$ 3,265
외상매출금		5,000
재고자산		8,450
선급비용		960
토지, 건물 및 기계		16,500
감가상각누계액		(4,250)
무형자산		5,575
자산 총계		$ 35,500

부채와 자본

외상매입금	$ 2,600	
외상매입금	720	$ 3,320
미지급비용		1,515
미지급 소득세		165
단기지급 어음		3,125
장기지급 어음		4,250
자본금		8,125
이익잉여금		15,000
부채와 자본 총계		$ 35,500

합 계정에 기록한다. 이 비용의 명칭은 비즈니스에서 두루 사용하고 있으나 종종 다른 이름을 붙일 때도 있다. 이렇게 매일 여러 가지 운영비를 지출하고 바로 기록한다. 이때 비용계좌는 증가하고 현금계좌는 감소한다. 반면 몇몇 운영비는 지출하기 전에 기록하기도 하는데 다음 장에서 자세히 다룰 예정이다.

운영비라는 용어는 기업운영에 필요한 다양한 비용을 전달할 때 매우 유용하게 사용할 수 있다. 예시의 기업은 기간이 길고 고정적인 자산의 연간 감가상각비는 별도비용으로 구분한다. 판매, 일반 및 관리비의 총금액인 $12,480,000는 감가상각비를 포함하지 않는다(만약 감가상각비가 별도로 표기되어 있지 않으면 판매, 일반 및 관리비에 포함했다고 봐도 무방하다). 앞서 언급했지만 총운영비인 $12,480,000는 매출원가 비용, 이자비용 및 법인세비용을 포함하지 않으며 손익계산서에 별도로 기재한다(예시 7-1 참조). 운영비는 다음 특정비용을 포함한다(순서는 관계없음).

- 건물, 복사기, 컴퓨터, 전화 시설 장비 등 자산에 대한 임대료.
- 임금이나 월급, 수수료나 보너스 혹은 경영자, 사무실 직원, 영업사원, 도매업 종사자, 경비원 등이 받는 보상금(제조업체 직원이 받는 보상금은 상품을 제조하여 재고상품으로 가기까지의 비용인 매출원가 비용에 포함한다).
- 보건의료비나 퇴직금처럼 근로자에게 지급하는 지급 급여세와 부가수당 비용(직원혜택 제도로 분류된 비용을 계산하는 것은 매우 어려운 일이다).
- 사무실과 자료 처리 공급.
- 전화기, 팩스, 인터넷이나 웹 사이트 비용.
- 재고상품 손실, 상품을 도난당하거나 직원이 몰래 가져가는 경우, 상품보관 부주의로 생긴 손실로 말미암은 비용. 이 경우 손실금액을 매출원가 비용에서 삭제하기도 하고 운영비로 구분하기도 한다.
- 법적 책임이나 화재로 말미암은 비용이나 보험비용.

- 전기 및 연료 사용 요금.
- 광고 및 홍보비용, 많은 기업의 지출 중 가장 큰 부분을 차지한다.
- 대손상각비, 상환기간이 지난 외상매출금으로 결국 받지 못하고 장부에서 지워야 하는 금액.
- 수송 및 선박 요금.
- 여행경비 및 접대비용.

이밖에도 발생할 수 있는 비용은 다양하다. 아마 여러분도 여러 가지 비용을 생각할 수 있을 것이다. 사실 상대적으로 규모가 작은 기업이라도 100가지 혹은 그 이상으로 운영비를 분류한다. 더 큰 규모의 기업은 비용을 구체적으로 나누면 수천 개에 달하기도 한다. 그럼에도 기업이 외부에 발표하는 재무제표를 살펴보면 그나마 공기업만 하나, 둘, 혹은 세 개의 운영비용을 공표하는 것이 현실이다.

예를 들어 광고비용은 내부적으로 경영자에게 보고하지만, 외부에 발표하는 손익계산서에는 이 내용을 찾아볼 수 없다. 운영비용 중에는 지급할 때 기록하는 비용이 있지만 그 전후를 포함해서 아예 기록하지 않는 비용도 존재한다. 예시의 기업은 모든 비용을 기록하기 때문에 그만큼 현금이 감소했다는 것을 알 수 있다. 이번 장에서는 운영비용을 기록하는 또 하나의 기본 원칙, 즉 외상매입금이 증가하면 발생하는 비용에 초점을 맞출 것이다.

만약 운영비용으로 $1를 사용하고 같은 시기에 $1를 지출한다면 얼마나 편리할까? 하지만 사업은 그렇게 단순하지 않다. 다음 장에서 설명하겠지만, 문제의 핵심은 사업을 운영할 때 발생하는 다양한 운영비용을 실제로 지급하기 전까지는 기록할 수 없다는 것이다. 기업은 부채가 발생하면 바로 비용을 기록해야 한다.

부채는 기업이 훗날 돈을 지급하겠다는 의무로 수익을 내는 과정에서 발생하는 비용이다. 아직 지급하지 않은 부채를 기록하는 것은 발생주의 회계의 기본적인 양상 중 하나다. 이때 비용을 미지급한 것이므로(지급되기 전에 기록하는 것) 일정 기간의 수익을 정확히 계산하기 위해 매출액에서 각각 비용을 차감한다.

예를 들어 어떤 기업이 2~3개월 전에 한 법률 사무에 대한 청구서를 12월 15일에 받았다고 하자. 기업 회계연도의 마지막 날은 12월 31일이므로 올해에는 변호사에게 돈을 지급하지 않을테지만 이 비용은 올해 발생했기 때문에 법정비용 계정에 기록해야 한다. 따라서 기업은 법정비용을 기록하기 위해 외상매입금 부채계좌가 증가한 것을 기록한다.

그뿐만 아니라 신문에 광고를 싣고 청구서를 받은 경우나 전화요금 청구서 등 수많은 사례가 있다. 일반적으로 아직 지급하지 않은 비용에 관한 부채는 상환기간이 비교적 한 달 이내로 짧은 편에 속한다. 따라서 기업은 그동안의 경험을 바탕으로 단기외상매입금을 지급하는 평균기간이 미지급 운영비용으로부터 발생한다는 사실을 파악해야 한다. 예로 든 기업은 외상 상환기간이 평균 3주 걸리며 외상 액수는 다음처럼 계산할 수 있다.

$$\frac{3}{52} \times \frac{\text{연간 운영비용}}{\$12,480,000} = \frac{\text{외상매입금}}{\$720,000}$$

예시 7-1에서 $720,000가 기업의 연말 외상매입금이다. 운영비용 중 즉시 지급하지 않은 금액은 외상매입금 계좌에 기록한다. 첫째, 기업이 갚아야 할 외상의 의무를 자각하고 둘째, 외상으로 이익을 본 비용을 기록해서 기업이 경제적으로 얻은 금액이 얼마인지 정확하게 계산하기 위해서다. 다른 말로 하면, 지급하지 않은 비용을 손익계산서와 대차대조표 두 군데 모두 기록해야 한다. 회계연도 말까지 지급하지 않은 비용을 외상매입금 계정에 기록해야 하는 것은 굳이 설명할 필요도 없다. 하지만 이를 기록하고 난 후 바로 현금 보유량이 감소하는 것은 아니다. 실제 현금 유출이 발생하는 것은 앞으로 외상매입금을 지급할 때다. 13장에서는 수익창출이 발생할 때의 현금흐름을 자세히 다룰 것이다.

 회계 이슈

6장 마지막에서 우리는 대차대조표 외상매입금 기록에 관한 회계 이슈를 이야기했다. 아마 지금쯤 많은 독자가 그 부분을 간단히 다시 짚고 넘어가길 바랄 것이다. 일반적으로 회계 이슈 중에 지급하지 않은 운영비용에 관한 외상매입금 부채를 다룬 내용은 없다. 이 금액은 정확하게 기록해야 하므로 기업은 운영하면서 발생하는 비용에 관한 고지서(청구서)를 받는다. 일부 판매업자나 공급업체는 즉시 지급하는 기업에 할인을 해주기도 한다. 예를 들어 기업이

10일 이내에 비용을 지급하면 2퍼센트 할인을 받을 수 있다. 일반적으로 기업은 이런 할인을 받을 수 있는 정책을 받아들인다.

재무제표 보고에서 가장 논쟁의 소지가 되는 이슈는 기업의 손익계산서에 운영비용을 공개하는 것이다. 여러분이 한 기업의 주주 중 한 명이라고 가정해 보자. 예시 2-2처럼 기업이 운영비용을 판매 및 일반관리비라는 명목으로 뭉뚱그려서 공표한다면 여러분은 만족하겠는가, 아니면 더 자세한 정보를 원하겠는가?

뒷장에서는 재무제표를 공개해서 생기는 다양한 이슈를 논할 것이다. 이 책에서 내가 이야기하고 싶은 것은 재무제표 공표의 기준이 약해서 주주가 손익계산서 비용을 공개하도록 강요할 수 없다는 점이다. 만약 기업이 원하지 않는다면 굳이 공개하지 않아도 되는 부분이다.

운영비용과 선급비용

OPERATING EXPENSES AND PREPAID EXPENSES

 비용으로 기록하기 전에
지급하는 운영비용은?

 이야기를 시작하기 전에 먼저 예시 8-1을 참조하길 바란다. 예시 8-1은 손익계산서의 판매 및 일반관리비와 대차대조표의 자산계정 중 선급비용의 연관성을 강조한다. 이번 장에서는 운영비용이 특정 자산에 미치는 영향을 설명할 것이다. 앞장에서는 지급하기 전에 기록하는 운영비용인 미지급비용을 설명했다. 이번에는 반대로 비용으로 기록하기 전에 먼저 지급하는 형태의 운영비용을 알아보도록 하자.

 이를 선급비용이라 하고 대표적인 예로는 보험료가 있다. 보험료는 보험기간 내에 미리 지급하는데 그 기간은 보통 6개월에서 1년 이상 연장된다. 선급비용의 또 다른 예는 사무실이나 컴퓨터 기

예시 8-1 판매 및 일반관리비와 선급비용(단위: 천 달러)

대차대조표(연말)	
자산	
현금 및 현금성 자산	$ 3,265
외상매출금	5,000
재고자산	8,450
선급비용	960
토지, 건물 및 기계	16,500
감가상각누계액	(4,250)
무형자산	5,575
자산 총계	$ 35,500
부채와 자본	
외상매입금	$ 3,320
미지급비용	1,515
미지급 소득세	165
단기지급 어음	3,125
장기지급 어음	4,250
자본금	8,125
이익잉여금	15,000
부채와 자본 총계	$ 35,500

내년까지 비용으로 기록하지 않을 일정 액수를 지출했으며, 금액이 연간 운영비용 4주 치와 같다고 가정했을 때 연말 선급비용 밸런스는 다음과 같다.

$$\frac{4}{52} \times \$ 12,480 = \$ 960$$

손익계산서(연간)	
매출액	$ 52,000
매출원가	(33,800)
판매 및 일반관리비	(12,480)
감가상각비	(785)
이자비용	(545)
소득세 비용	(1,748)
순이익	$ 2,642

기를 포장하지 않고 구매한 후 몇 주, 혹은 몇 달에 걸쳐 서서히 사용하는 경우다. 또한, 연간 재산세는 과세연도 시작 일부터 지급하면서 차후 몇 달 동안 분할 지급하며 재산세 납부 부담을 덜 수 있다. 이처럼 기한보다 먼저 지급할 때 지출한 현금은 유보자금 계정으로써 선급비용에 먼저 기록했다가 시간이 흐를수록 점차 운영비용에 부과한다.

이 두 가지 과정은 나중에 부과할 비용을 연기하는 것이다. 미리 지급하는 요금을 나누면 1개월씩 지날 때마다 그 몫을 받는다. 때가 되면 기재 내용은 비용이 해당하는 자리인 자산계정의 선급비용 계좌로 옮겨가고 금액은 운영비용 계좌로 들어간다. 기업은 그동안의 경험과 운영 비결을 바탕으로 연간 운영비용과 관련된 선급비용 총액의 평균이 얼마인지 알아야 한다. 예시의 기업은 선급비용이 연간 운영비용의 4주 치와 일치한다. 그러므로 자산 계정 중 선급비용 계좌는 다음처럼 계산한다.

$$\frac{4}{52} \times \underset{\$12,480,000}{\text{한 해 동안 판매 및 일반관리비}} = \underset{\$960,000}{\text{선급비용}}$$

예시 8-1에서 자산 계정의 연말 밸런스는 $960,000로 기업의 외상매출금과 재고자산에 훨씬 못 미치는 금액이다(사업의 전형적인 결과다).

선급비용 계정에 미리 지급하는 운영비용을 기록하는 이유는 적당한 시기가 되기 전까지 비용을 지급했다는 기록을 늦추기 위해서다. 경비를 즉시 비용 처리하면 지출이 높은 시기에 돈을 빼서 지출이 더 낮은 다음 시기에 갚기 때문이다. 이처럼 미리 지급할 때 발생하는 지출은 비록 타당한 과정이지만 선급비용 계좌에 기록한다. 하지만 주된 목적이 자산 분류 때문이라고 할 수는 없다. 관점을 바꿔서 생각하면 운영비용을 미리 내는 것은 건물, 장비, 기계처럼 장기운영 자산에 투자하는 것과 비슷할 수도 있다.

선급비용을 점차 줄여나가는 것은 비교적 짧은 기간 안에 이루어지지만, 건물 같은 자산에 들어가는 비용은 오랜 기간에 걸쳐 분배되는 차이가 있다(다음 장에서 다시 설명할 것이다). 운영비용을 미리 내는 것은 당연히 현금 보유량이 감소한다는 뜻이다. 이때 현금 유출은 비용을 기록하는 것보다 더 빨리 이루어진다. 비용과 매출액에 관한 현금흐름 분석은 13장에서 자세히 다루도록 하겠다.

회계 이슈

회계에서 자주 일어나는 상황에는 여러 가지가 있으나 선급비용과 관련된 문제는 거의 발생하지 않는다. 가끔 선급비용 자산 계정이 손실을 본 것으로 치부하여 삭제할 수는 있다. 예를 들어 거의 망한 기업은 선급비용을 지급해도 앞으로 이익을 얻을 수 없으므로 만회가 힘들어질 수도 있다.

지금까지는 회계부정이나 숫자조작은 언급하지 않았지만, 이제 회계의 어두운 단면에 대해 슬슬 입을 여는 것도 괜찮을 듯하다. 아마 여러분도 알고 있겠지만, 어떤 기업은 재정 문제를 숨기거나 수익을 부풀리기 위해 고의적으로 비용이나 매출액을 조작하기도 한다. 하지만 상대적으로 자산에서 작은 규모를 차지하는 선급비용은 회계부정을 저지를 때 중요한 요소는 아니다(20장, 21장에서 회계부정에 관한 몇 가지 심각한 문제를 이야기할 것이다).

반면 선급비용 계좌는 당기운영비용의 액수를 줄이거나 늘리는 숫자조작에 사용하기도 한다. 예를 들어 미리 지급한 금액을 기록하지 않고 바로 비용으로 처리한다. 그 밖에도 비용 처리할 때 반드시 기록해야 하는 특정 선급비용을 고의적으로 늦추거나 누락시키기도 한다. 사실 회계사는 숫자를 다룰 때 자주성 있게 행동할 수 없다. 애초에 수뇌경영자가 직접, 혹은 간접적으로 당기수익을 높이거나 낮추라고 지시하기 때문이다. 그것이 어떤 의미든 회계사는 이를 따르기 위해서 표준회계절차를 무시할 수밖에 없다. 바로 이 점 때문에 회계사는 윤리적 딜레마에 빠진다. 그러므로 기업의 재무제표를 검토하는 공인회계 감사관은 어느 정도 규모의 회계조작이 있는지 알아내고 이에 어떤 조처를 할지 결정해야 한다 (21장 참조).

회계부정과 숫자조작에 관한 설명은 20장과 21장에서 더 자세히 할 것이다. 여기서 먼저 짚고 넘어가야 할 점은 매출액이나 비용을 조작하면 손익계산서와 대차대조표 모두 큰 영향을 받는다는 것이다.

숫자조작은 양날의 검과 같아서 손익계산서와 대차대조표 양쪽에게 틀린 금액 정보를 주는 결과를 낳는다. 예를 들어 연말에 기업의 상품 중 보험에 들지 않은 일부 품목이 훼손되었다면 내년에 더 낮은 가격으로 판매할 것이다. 이때 회계원칙은 간단하다. 손실을 본 당기에 그 사실을 정확히 기재해야 한다. 하지만 수뇌경영자는 높은 수익을 나타내는 장부를 원하므로 손실비용은 내년에 포함될 가능성이 높다. 그러므로 회계사는 그해에 입은 손실을 기재하지 않아서 최종 손익계산서와 연말 대차대조표의 재고자산이 지나치게 높아진다. 또한, 매년 얻은 이익을 누적하는 이익잉여금이 많이 부풀려진다. 두 개의 재무제표에 고의성이 다분한 오류가 생긴다.

경영자와 회계사는 숫자조작에 양심의 가책을 느껴야 한다. 일말의 망설임도 없이 단언하건대 이런 숫자조작은 항상 일어나고 있다. 앞에서 말했듯이 이것이 바로 회계의 어두운 단면이다.

특수 비용 감가상각비

 ### 비용
계정이란?

지금쯤이면 여러분도 발생주의 회계 지식을 어느 정도 갖췄을 것이라고 믿는다. 사업을 운영하면서 발생하는 비용을 꼭 당기에 기록해야 하는 것은 아니다. 사실 사업의 임무는 무엇을 기록하는지 정확히 아는 것이다. 그럼에도 실제로 현금은 현금주의 방식으로 기록하지 않는다. 재무회계에서 비용을 기록하는 정확한 타이밍은 다음과 같다.

- **비용을 매출액에 맞추는 방법 :** 매출원가 비용, 판매수수료 비용, 그 밖의 비용 등 특정 판매와 관련 있는 비용은 당기에 매출수입으로 기록한다. 판매가 이루어진 모든 비용을 매출수입과 직접 대조하

는 정직한 방법이다. 여러분도 그렇게 생각하지 않는가?

- **비용을 정확한 기간에 맞추는 방법** : 여러 비용 중 상당 부분이 특정 판매에서 직접 인식하기 어렵다. 예를 들어 직원 월급이나 창고 임대료, 컴퓨터 설치와 회계비용, 변호사비용과 감사 수수료, 돈을 빌릴 때 발생하는 이자가 바로 그것이다. 이렇게 직접적인 관계가 없는 비용은 그렇지 않은 비용만큼이나 꼭 필요한 지출이다. 직접 관계없는 비용은 특정 판매에 맞출 수 없으므로 수익이 발생하는 기간에 맞춰 기록해야 한다.

비용을 기록하는 것은 자산이나 부채 계정 사용과 관련 있다. 이 점을 상기해 보자. 5장에서 우리는 재고 계정이란 제조하거나 구매한 상품이 팔리기 전까지 발생하는 비용을 알기 위해 사용하는 것이며 일단 판매가 이루어지면 그때까지 사용한 비용의 총합을 기록한다고 배웠다. 7장에서는 아직 지급하지 않은 경비를 당기에 비용으로 기록할 때 사용하는 것이 외상매입금 계정이라는 것을 알았다. 8장에서는 합당한 시기가 될 때까지 운영비용을 기록하는 것을 미루기 위해 선급비용 계정을 사용한다고 배웠다.

이번 장에서는 운영자산 비용의 수명이 다할 때까지 나눠 기록하는 감가상각을 설명할 것이다. 본격적인 내용에 들어가기에 앞서 유념해야 할 점이 있다. 많은 사람이 감가상각을 마치 휴대폰처럼 가치손실이나 시가가 하락하는 자산으로 칭한다. 물론 이 개념이 완전히 틀린 것은 아니지만, 재무회계에서 감가상각은 원가배분을 의미한다.

감가상각비

이야기를 시작하기 전에 먼저 예시 9-1을 참조하길 바란다. 이 표는 대차대조표의 토지, 건물 및 기계와 손익계산서의 감가상각비 사이의 상관관계, 그리고 대차대조표에서 감가상각비로부터 감가상각누계액에 이르는 과정을 보여준다. 간단히 말해 기업의 장기운영 자산비용을 측정한 경제적 수명 기간으로 나눈다. 그리고 자산의 연간 감가상각비는 자산 비용을 차감하는 별도 계정에 누적된다.

이번 장에서는 감가상각비를 기록하는 이유와 원리를 알아보자. 예시의 기업은 특정 기계와 장비, 도구가 필요하며 다년간 임대계약을 맺고 있다. 법적으로 보았을 때 기업은 임대한 자산을 소유한 것이 아니다. 장비 임대료는 매달 비용으로 처리하고 있으므로 임대자산은 대차대조표에 기록하지 않는다(단, 임대가 자산을 구매하는 주요 수단이 되는 경우는 예외다). 따라서 기업은 재무제표 주석에 장기임대 자산의 계약 상태와 임대료를 명확히 공개해야 한다. 또한, 기업은 장기운영 자산인 생산 공장과 사무실로 사용하는 건물, 가구와 붙박이 시설, 컴퓨터, 배송 트럭, 지게차, 영업사원이 사용하는 자동차를 소유하고 있다. 이런 자산은 구매하고 몇 년에 걸쳐 사용하다가 결국에는 폐기처리 한다. 회계사는 이것을 수명이 긴 특성을 고려해 고정자산이라고 칭한다. 이 용어는 공식 재무제표에서는 거의 사용하지 않는다.

예시 9-1 토지, 건물 및 기계; 감가상각비; 감가상각누계액(단위: 천 달러)

대차대조표(연말)

자산

현금 및 현금성 자산		$ 3,265
외상매출금		5,000
재고자산		8,450
선급비용		960
토지, 건물 및 기계	$ 16,500	
감가상각누계액	(4,250)	12,250
무형자산		5,575
자산 총계		**$ 35,500**

부채와 자본

외상매입금	$ 3,320
미지급비용	1,515
미지급 소득세	165
단기지급 어음	3,125
장기지급 어음	4,250
자본금	8,125
이익잉여금	15,000
부채와 자본 총계	**$ 35,500**

> 몇년에 걸쳐 감가상각비에 할당되는 장기운영 자산(토지 제외) 실제 수명에 대한 비용

손익계산서(연간)

매출액	$ 52,000
매출원가	(33,800)
판매 및 일반관리비	(12,480)
감가상각비	(785)
이자비용	(545)
소득세 비용	(1,748)
순이익	$ 2,642

> 감가상각비용은 자산 계정을 감소한다고 기록하지 않는다. 대신 반대 계정인 감가상각누계액 계정에 누적되어 차감 계산한다.

이처럼 기업이 소유하는 장기운영 자산은 대차대조표에서 하나로 묶는 계정에 분류하는데 그중 가장 널리 사용하는 제목이 이 책에서 사용한 토지, 건물 및 기계다(고정자산을 다시 세분화한 사항은 재무제표 주석이나 별도의 공지사항에 공표한다). 기업의 최근 연말 재무제표를 살펴보면 총 고정자산(토지, 건물 및 기계) 비용이 $16,500,000달러다(예시 9-1 참조).

이 금액은 고정자산의 원래 총비용, 혹은 이 자산의 구매비용이다. 고정자산은 몇 년에 걸쳐 오랫동안 사용하지만 결국에는 닳아

없어지거나 효율성을 잃는다. 요컨대 수명이 한정된 자산이므로 영원하지 않다. 예를 들어 배송 트럭은 보통 20만에서 30만 마일을 달리면 결국에는 교체해야 한다. 배송 트럭은 몇 년 동안만 사용할 수 있는 자산이다. 그렇다면 정확히 몇 년 사용할 것인가? 기업은 그동안의 경험을 바탕으로 고정자산의 수명을 예상한다. 이론적으로 기업은 고정자산이 앞으로 얼마 동안 사용 가능한지 최대한 현실적으로 파악하고 기간에 맞춰 비용을 배분해야 한다. 하지만 현실이 항상 이론대로 돌아가는 것은 아니다. 실제로 대부분 기업은 공제를 받기 위해 정부 소득세법과 규정에 맞춰 고정자산의 수명을 측정한다.

정부가 규정하는 소득세 시스템은 모든 종류의 고정자산이 지닌 최소한의 수명에 따라 비용을 차감한다. 반면 토지는 닳거나 없어지지 않기 때문에 토지비용은 차감하지 않는다(물론 부동산의 구획에 따라 시장가치가 변동할 수도 있지만, 이것은 다른 사안이다).

또한, 소득세는 가속상각법을 허용한다. 가속은 두 가지 의미로 생각할 수 있다. 첫째, 소득세를 고려했을 때 고정자산은 원래 사용 수명보다 더 짧은 기간에 닳을 수 있다. 예를 들어 자동차나 소형 트럭의 수명은 5년 이상이라고 측정하지만, 실제로는 5년을 사용하지 못한다. 1993년 이후에 지은 건물은 측정 수명이 39년이지만 대부분 건물은 더 오랫동안 버틸 수 있다. 이를 고려하여 국회가 결정한 소득세법에 따르면, 고정자산의 남은 수명에 대한 가속이 원래 측정한 사용 기간보다 빠르게 발생한다는 사실을 인정하는 것이 경제 정책에 좋다고 한다.

둘째, 가속은 초기 단계에 비용을 배분하는 것을 의미한다. 고정자산은 수명기간의 절반을 채우고 나면 가치의 반 이상이 감소한다. 그런데 소득세법에서는 기업이 해마다 균일하게 비용이 감소하는 것이 아니라 첫해에 더 높은 비율로 비용이 감소하고 내년에는 그보다 더 적게 감소해도 용인한다. 기업은 어떤 가속상각법을 사용해서 고정자산의 초기 과세소득세를 줄일 수 있다. 이론적으로는 매우 이득인 것처럼 보이지만 항상 현실에 적용할 수는 없다.

그럼에도 기업은 정부가 승인한 소득세법에 따라 사용할 수 있는 가속상각법을 굉장히 선호한다. 기업은 매년 고정자산의 가치가 얼마씩 감소하는지 파악하고 원래 가치의 금액과 감소한 비용이 얼마인지 정확히 기록해야 한다. 이때 감소하는 것은 비용뿐이며 고정자산의 총비용이 감소하는 순간부터 감가상각비는 기록하지 않는다. 이 시점이 되면 앞으로 몇 년은 더 사용할 수 있는 상태라도 고정자산으로서의 가치는 완전히 감소한 것으로 인지한다.

예시 9-1을 보면 기업의 작년 감가상각비는 $785,000이다. 이 회사의 공장과 사무실 건물은 기간마다 같은 액수를 상각하는 정액 방식에 따라 감소한다. 이 밖의 다른 고정자산(트럭, 컴퓨터, 기타 장비 등)은 가속상각법에 따라 감소한다. 사실 해마다 분배하는 감가상각비의 금액은 다른 운영비용에 비해 꽤 제멋대로다. 왜냐하면 사용수명을 임의로 측정하기 때문이다. 예를 들어 6개월짜리 보험증권은 총 보험료를 6개월로 분배해야 하지만 사무실 책상이나 장식 선반, 파일 보관함, 컴퓨터 같은 종류의 장기운영 자산의 수명은 정확히 측정하기 어렵다. 기업은 지침서로 풍부한 경험을 따르지만 오류를 저지를 가능성이 큰 것도 현실이다.

사용 수명 측정의 문제점을 고려하면 우리는 재무제표를 보면서 기업이 극단적인 방법으로 자산을 측정할 수도 있다는 것을 항상 염두에 둬야 한다. 만약 자산의 수명이 지나치게 짧다면(측정 수명보다도 몇 년 더 사용한다면) 감가상각비는 장부에 빨리 기록해야 한다. 이 사실을 반드시 유념하길 바란다.

기업은 두 개의 감가상각비 장부를 보유할 수 있다. 소득세를 줄이기 위해 고정자산의 수명을 짧게 정해 재무제표에 기록해놓고 실제로는 더 오래 사용한다. 하지만 대부분 기업은 재무제표에 소득세법에서 규정한 감가상각비를 사용한다고 공표한다. 가속상각법을 이용하는 것이 일반적이다. 모든 비용은 결과적으로 자산을 줄이거나 부채를 늘린다. 거듭 강조하지만 감가상각비를 기록한다고 현금 보유량이 줄어들지 않는다. 현금과 감가상각비를 기록하는 것은 아무 관계가 없다는 사실을 반드시 알아야 한다. 다만 감가상각비 기록은 고정자산 수축에 영향을 미친다. 이 부분을 이해하려면 가속상각비를 먼저 알아야 한다. 가속상각비는 다음 장에서 설명할 것이다.

가속상각법과 고정자산의 장부가액

분기마다 감소하는 금액은 고정자산 감소에 따라 기록하는 것이 아니지만 그럼에도 자산 계정은 꾸준히 감소하는 것처럼 보인다. 어찌 보면 당연한 일로 애초에 감소라는 용어 자체가 시간이 지나면서 고정자산이 닳아 없어진다는 인식을 포함하고 있다.

그렇다면 왜 고정자산은 감소하지 않는 것일까? 회계에서 일반적으로 통용되는 관습이 바로 감가상각누계액이다. 계정과 누적 감소비용은 항상 같이 붙어 다닌다. 이 계정은 이름 그대로 기간이 지나면 감소하는 비용을 누적하는 역할을 한다. 예시 9-1을 보면 기업의 작년 연말 감가상각누계액 계정의 밸런스는 $4,250,000이다.

고정자산 비용이 $16,500,000인 점을 고려하여 누적된 감소비용 밸런스를 보면 이 회사의 고정자산이 매우 오래되었음을 알 수 있다. 게다가 기업의 최근 감소비용은 $785,000이다. 따라서 이 회사의 토지, 건물 및 기계(고정자산)란에는 5년 동안의 감소보다 약간 더 많은 금액을 기록한다. 예시 9-1을 보면 누적된 감소비용은 고정자산 원가에서 차감한다. 기업이 소유한 고정자산 원가 $16,500,000에서 누적된 감소비용 $4,250,000를 차감하면 $12,250,000가 남는다. 이렇게 원가에서 감소비용을 차감한 후 남은 금액이 고정자산 장부가액이다.

일반적으로 기업이 고정자산을 수명이 다할 때까지 보유한다고 가정했을 때 우리는 자산의 원가가 결국 모두 감소한다고 생각한다. 물론 때로는 수명이 다하기 전에 자산을 처분할 때도 있지만 어쨌든 장부가액은 고정자산이 지닌 미래의 감소비용이라고도 할 수 있다(참고로 토지, 건물이나 기계를 포함한 땅은 감소하지 않는다). 다만 마지막으로 누적 감소비용인 $4,250,000는 작년에 감소한 비용과 자산을 사용하는 동안 감소한 비용을 합쳐 기록한 것이라는 점을 기억해야 한다.

장부가액과
현행대체원가

예시 9-1을 보면 올해 감소비용을 기록한 후 기업의 장기운영자산(고정자산) 장부가액은 $12,250,000이다. 이 고정자산의 상태와 현행대체원가가 정확히 일치하는 날, 기업이 현행시장 대체원가를 결정할 수 있다고 가정해 보자(물론 가능하지 않다).

현행대체원가가 고정자산 장부가액과 일치할 수 있을까? 물론 일반적인 물가 상승과 가속상각비를 고려하면 현행대체원가가 고정자산 장부가액보다 더 높을 확률은 충분하다. 그렇다고 대차대조표에 기록된 고정자산 원가가 자산의 현행대체원가 지표가 되는 것은 아니다. 자본에 투자한 원가 액수는 몇 년 동안 기업 운영에 사용한 자산매출액을 초과해야 한다. 즉 감가상각비는 시장평가 방식이 아닌 원가회수 방식으로 계산해야 한다. 간단히 말해 고정자산을 계산하는 것은 현행대체원가 변동을 기록하기 위한 것이 아니다.

여기서 분명히 짚고 넘어가야 할 점은 기업경영자는 고정자산의 현재 대체가치를 무시하면 안 된다는 점이다. 고정자산은 화재, 홍수, 폭동, 테러, 태풍, 폭발, 혹은 부실공사로 파괴되거나 손상 입을 수 있다. 그러므로 경영자는 이 점을 항상 유념해서 현행대체원가를 유지하기 위해 고정자산을 보험에 가입하는 방안도 고려해야 한다.

그러나 재무보고가 목적일 때 기업은 현행대체원가를 대신하기 위해 고정자산의 가치를 과대평가해서 기록하지 않는다. 재무제표에 현행대체원가가 아닌 고정자산에 관한 역사적 원가를 기반으로 한 감가상각비 사용을 비평하는 목소리가 있다. 어쩌면 먼 훗날에는 의회가 대체원가를 기반으로 한 감가상각비를 허락하는 소득세법으로 교체하는 안(고정자산보다 더 높은 액수의 대체원가로 과장해서 발생한 이익에 대한 세금은 부과하지 않는다)을 고려할지도 모른다.

그러나 현재로서는 소득세법에 고정자산 감가상각비에 변화가 없을 것이라는 사실을 인정해야 한다. 예를 들어 의회가 기업의 세금을 목적으로 한 고정자산의 수명 변경을 허락하는 것 말이다(과거에 의회가 이미 했던 것이다). 하지만 지금까지 의회는 고정자산 감가상각을 기반으로 한 비용에 반대한다는 의사를 보인 적이 없다.

 무형자산

앞에서 고정유형자산을 살펴보았다. 많은 기업이 물질적으로 존재하지 않는 무형자산에 투자한다. 무형자산은 눈에 보이지 않고 손으로 만질 수 없는 것을 말한다. 기업이 앞으로 오래 제품생산에 사용할 수 있는 값어치 있는 특허권을 구매하거나 유명한 상표를 사는 것이 그 예다. 이렇게 특허권이나 상표를 구매하면 기업의 장기자산 계정 중 '특허권'이나 '상표'란에 비용을 기록한다. 혹은 다른 기업을 가치 이상의 금액(부채를 차감한 금액)을 주고 사는 일도 있다. 이렇게 취득한 기업이 한 계통에서 장기간 사업하며 신뢰와 명성을 쌓았을 때 그동안 거래한 우수고객의 명단을 보유하게 되어 앞으로 큰 도움이 될 수도 있다. 또한, 취득한 기업의 직원이 가진 경험이나 기업에 대한 충성심 등도 기업의 고유자산을 초과한 금액을 지급하는 주된 이유다. 혹은 특별한 비결이나 제조법을 지니고 있어 큰 경쟁력을 갖춘 예도 있다.

이처럼 다른 기업을 취득할 때 액면가(취득하는 기업이 산정된 부채를 차감) 이상의 금액을 지급하는 이유에는 여러 가지가 있다. 일단 액면가 이상의 돈을 지급하면 초과한 금액을 영업권 계좌에 기록한다. 그러므로 영업권 비용을 체계적으로 뺄 때 무형자산은 계속성가신 문제로 대두한다. 이와 관련된 논쟁은 수도 없이 많지만 여기서는 언급하지 않겠다.

현재 회계기준으로는 무형자산 비용을 체계적으로 분배(할부 상환비용)해야 한다. 무형자산의 현저한 가치 손실이 발생하면 회사는 손실을 기록하는 기재장을 만든다. 해마다 무형자산의 감손을 확인하는 절차를 밟고 손실이 있다면 발생한 비용을 기록한다. 예시 기업은 이렇게 매년 확인 절차를 바탕으로 무형자산이 어떤 손실도 입지 않았다고 결정했다. 따라서 무형자산 비용도 발생하지 않았다. 예시 9-1을 살펴보면 대차대조표의 무형자산 계정과 손익계산서 비용을 연관 짓지 않았다는 것을 알 수 있다. 그러나 만약 기업의 무형자산에 어떤 손실이 발생하면 반드시 기록해야 한다는 것을 꼭 명심하길 바란다.

회계 이슈

회계에서는 장기운영 자산 문제뿐만 아니라 고정자산과 관련된 문제도 많이 발생한다. 일반적으로 한 기업의 고정자산은 전체 자산의 상당 부분을 차지하기 때문에 이와 관련하여 발생한 문제 역시 매우 중요하다. 시중에는 감가상각 이론을 기반으로 한 다양한 이론의 장점에 관한 책이 많이 나와 있다. 이번 장을 시작하면서 말한 것처럼 대부분 기업은 고정자산의 감가상각을 규정한 법을 따르는데 이것은 감가상각 회계를 다루는 가장 실질적이고 편리한 답안이라 할 수 있다.

기업은 고정자산의 감가상각뿐만 아니라 가치를 손실했을 때도 반드시 기록해야 한다. 예를 들어 항공사가 더는 사용할 수 없는 비행기를 소유하고 있거나 수요의 감소로 비행기를 만드는 제조업체가 문을 닫았다고 하자. 이렇게 기업이 수용력을 초과한 자산을 소유하고 있을 때 고정자산을 기록할 것인지 신중히 결정해야 한다. 물론 경제적 가치를 손실한 고정자산을 기록하는 것은 고통스럽고 수익에도 큰 타격을 준다.

고정자산 유지에 정기적으로 드는 비용과 수명을 연장하거나 외관을 고치는 등 효율성을 개선할 때 드는 비정기적인 비용 사이에는 회계 문제점이 발생한다. 개선에 필요한 지출은 고정자산 계정에 반드시 기록해야 하고 앞으로 몇 년에 걸쳐 금액이 줄어야 하기 때문이다.

기업 환경에 큰 변화가 생겼을 때는 해당 기업이 감가상각 정책을 크게 바꿨을 가능성이 높다. 그러나 이런 경우가 그리 흔한 것은 아니다. 예를 들어 장부에서 제하기 쉬운 고정자산에 실제 손실이 발생하면 돈을 들여 보험을 드는 대신 자가 보험으로 대체하는 예도 있다.

이렇게 기업이 고정자산 보험을 자가 보험으로 대체하는 경우, 아직 지출하지 않았거나 영원히 지출하지 않을 비용을 매년 기록하는 것이 맞을까? 고정자산에서 발생할 수 있는 심각한 문제점이 매우 많다. 따라서 기업은 재무제표 주석에 그들이 사용하는 감가상각비와 고정자산에 관한 회계 방침을 명확히 설명해야 한다. 또한, 무형자산을 어떻게 계산하는지 정확히 발표해야 한다. 특히 한 해 동안이 자산이 장부에서 하나 이상 감가상각 되었다면 필수다.

앞서 5장에서 매출원가 비용 회계방식이 판매가격을 정하는 방식과 일치해야 한다고 언급했다. 상품판매에서 발생하는 비용은 당연히 매출액으로 보충해야 한다. 이와 비슷한 이치로 기업이 감가상각비를 계산하는 방식을 채택할 때는 고정자산에 투자한 비용을 몇 년에 걸쳐 회수할 것인지 고려해야 한다.

이번 장 앞에서 말했듯이 대부분 기업은 고정자산의 감가상각

수명을 정할 때 오로지 소득세법이 허락하는 기준 안에서 가장 짧은 것을 채택한다. 실제로 이익을 내는 수명이 얼마가 되든 상관없다. 예를 들어 기업이 그동안의 경험을 살려 고정자산 수명을 20년이라고 판단했다고 하자. 자연히 자산의 감가상각비 수명은 20년으로 간주한다. 하지만 소득세법이 허락하는 기준을 고려하면 절반인 10년으로 간주해도 무방하다. 매출액과 비용이 사실상 얼마나 서로 다른지는 말도 못한다.

10

미지급비용에서 발생하는 부채

ACCRUING THE LIABILITY FOR UNPAID EXPENSES

 영업비용으로 발생한
부채를 기록

이번 장을 시작하기 전 예시 10-1을 참조하길 바란다. 예시 10-1은 손익계산서의 판매 및 일반관리비라는 비용과 대차대조표의 미지급비용, 손익계산서의 이자비용과 이에 관한 부채가 기록된 대차대조표의 연관성을 보여준다. 이번 장에서는 한 가지에서 두 가지 비용이 발생하는 경우를 살펴볼 것이다. 이 부분에서 기본전제는 같다. 한 해 동안 지급하지 않은 비용을 기록하여 그 해 수익을 측정할 때 정확한 액수의 비용을 사용하도록 하는 것이다. 7장에서 우리는 기업이 몇 주 늦게 지급해도 영업비용 고지서(청구서)를 받는 즉시 그에 해당하는 비용란에 기록하는 이유를 배웠다.

이번 장에서는 기업이 연말에 아직 지급하지 않은 비용을 정산해야 하는 것을 이야기하겠다. 이 비용의 청구서나 고지서는 발급되지 않는다. 자체적으로 생성하거나 아니면 시간의 흐름에 따라 누적된다.

이 책에 나오는 기업을 예로 들어보자. 이 기업은 영업사원의 수수료를 실적에 따라 매달 지급한다. 당월 말에 계산하고 다음 달에 지급하는 식이다. 따라서 연말이 되면 마지막 달에 계산한 영업실적 수수료는 지급하지 않는다. 이 비용을 기록하기 위해 기업은 부채 계정인 미지급비용을 만드는데 외상매입금과는 다른 계정이다. 회계사는 어떤 비용이 누적되었는지 파악하고 연말이 되면 미지급비용을 합당한 방식으로 계산해야 한다. 이때 회사는 비용 고지서를 외부 판매업자나 공급업체로부터 받으면 안 된다. 기업 내부에서 발생하는 비용의 청구서를 따로 작성해야 한다. 특히 기업의 회계부서는 어떤 비용을 누적해야 하는지 빈틈없이 처리해야 한다. 기업은 영업실적 수수료 지급 외에도 연말에 누적해서 기록해야 할 여러 가지 비용이 있다. 다음은 일반적으로 누적하여 발생하는 비용의 예이다.

- 지급해야 할 휴가나 병가수당(일정 액수가 될 때까지 누적할 수 있다).
- 매월 전화요금이나 전기세 중 일부가 아직 회사에 청구되지 않은 일부 요금.
- 재산세는 발생한 해에 청구되나 회사에 연말까지 세금 고지서가 도착하지 않은 경우.

대차대조표(연말)

자산

현금 및 현금성 자산	$ 3,265
외상매출금	5,000
재고자산	8,450
선급비용	960
토지, 건물 및 기계	16,500
감가상각누계액	(4,250)
무형자산	5,575
자산 총계	**$ 35,500**

부채와 자본

외상매입금		$ 3,320
미지급비용	$ 1,440	
미지급비용	75	1,515
미지급 소득세		165
단기지급 어음		3,125
장기지급 어음		4,250
자본금		8,125
이익잉여금		15,000
부채와 자본 총계		**$ 35,500**

손익계산서(연간)

매출액	$ 52,000
매출원가	(33,800)
판매 및 일반관리비	(12,480)
감가상각비	(785)
이자비용	(545)
소득세 비용	(1,748)
순이익	$ 2,642

연간판매 및 일반관리비 6주 치를
연말까지 지급하지 않았다고 가정할 때
운영비용은 다음과 같다.

$$\frac{6}{52} \times \$ 12,480 = \$ 1,440$$

연말에 기재한 액수의 연간 이자비용을
지급하지 않았다. 이해의 총 이자비용으로
간주하기 위해 기록한다.

- 이미 팔린 상품에 묶여 있는 담보나 보증은 차후 처리한다. 매출액은 해당 해에 기록하므로 나중에 상품을 판매했을 때의 비용 역시 매출액에서 비롯된 모든 비용과 같은 시기에 기록해야 한다.

미지급비용이 누적된 부채를 기록하지 않으면 기업의 연간 재무제표에 심각한 오류가 발생한다. 부채는 대차대조표, 비용은 손익계산서에서 확인할 수 있다. 기업은 한 해 동안 어떤 비용이 누적되었는지 그리고 얼마만큼의 부채를 기록했는지 정확하게 밝혀야 한다.

이 책에서 예로 든 기업은 영업비용을 지급하기 전 평균 준비기 간이 6주다. 그리고 한 해 동안의 미지급비용은 다음과 같다.

$$\frac{6}{52} \times \frac{\text{한 해 동안 판매 및 일반관리비}}{\$12,480,000} = \frac{\text{미지급비용}}{\$1,440,000}$$

예시 10-1을 보면 기업의 미지급비용은 영업비용 $1,440,000 를 포함한다. 그렇다면 지급까지 6주가 걸리는 것이 과연 일반적일 까? 사실 이 부분은 기업마다 다르다. 6주가 긴 기간일 수도 있고 짧은 기간일 수도 있다. 이 점을 분명히 알아두길 바란다.

이 책의 앞부분에서 한 기업의 연말 잔액에 있는 미지급비용이 아직 지급하지 않은 영업비용의 외상매입금보다 더 많은 것은 평범 하지 않은 일이라고 언급했다. 실제로 예시를 보면 기업이 지급하 지 않은 영업비용의 연말 외상매입금 잔액은 $720,000로(예시 7-1 참조) 연말 미지급비용 잔액 $1,440,000의 절반에 불과한 액수다.

외상매입금 이야기가 나왔으니 하는 말이지만, 어떤 기업은 재 무제표를 공표할 때 미지급비용을 외상매입금과 통합하여 한 가지 부채로 묶기도 한다. 이 경우 부채는 운영비와 상품제조, 혹은 구 매비용을 합친 것으로 둘 다 이자가 발생하지 않는다. 이런 부채를 즉흥적인 부채라고도 하는데 돈을 빌려서 발생하는 것이 아니라 사업을 운영하면서 즉각적으로 발생하기 때문이다. 이렇게 두 가지 부채는 보통 따로 보고하나 재무보고 기준에 따라 하나의 계정으로 묶는 것도 인정한다.

연말까지 지급하지 않은 운영비용 외상매입금 $720,000와 미지급비용 $1,440,000의 합은 $2,160,000가 된다. 기업은 원래 운영비용으로 지급해야 할 $2,160,000 상당의 현금을 올해까지 보유할 수 있다(물론 이 돈은 내년에 지급해야 한다). 이 정도 액수에 달하는 외상매입금과 미지급비용은 현금흐름에 막대한 영향을 끼친다. 13장에서 자세히 설명할 것이다. 현금흐름에 영향을 미치는 두 가지 부채를 이해하는 것은 매우 중요하다.

액수가 적은 이자비용 이해

사실상 모든 기업이 외상매입금과 미지급비용 부채를 갖고 있으며 회사를 운영하려면 당연한 일이다. 그뿐만 아니라 대부분 기업이 은행을 비롯한 여러 대출기관을 통해 돈을 빌린다. 이렇게 돈을 빌릴 때는 어음처럼 법적 수단 등을 통해 계약이 이루어지며 이 계정이 바로 지급어음이다. 물론 돈을 빌리면 이자를 지급해야 하는데 이 이자는 외상매입금 계정에서 지급하지 않는다(만약 지급해야 할 일자, 너무 오래되어 채권자 측에서 이자를 받지 못해 과태료를 청구한 경우는 제외).

지급어음은 반드시 이자가 발생하지 않는 부채와 구분해서 기록해야 한다. 이자 계산은 돈을 빌린 날을 기점으로 하루씩 계산한다. 즉 하루가 지날 때마다 대출기관에 지급해야 할 이자가 증가한다. 금리는 빌린 돈의 이자율을 의미하며 백분율인 퍼센트로 나타낸다. 만약 1년 동안 $100,000를 빌렸고 이자로 $6,000를 지급한다면 금리는 다음과 같다.

$$\frac{\text{이자 } \$6,000}{\text{빌린 돈 } \$100,000} = \begin{array}{c} \$100 \text{ 당 } \$6, \\ \text{혹은 연간 금리 6퍼센트} \end{array}$$

금리는 돈을 1년 이내, 혹은 1년 이상 빌릴 때도 연간금리를 기준으로 계산한다. 손익계산서에서 이자는 별도비용에 기록하는데 재무제표를 공표할 때 별도의 설명이 필요한 비용이기 때문이다. 이자는 재정 관련 비용으로 운영비용과는 다르다. 따라서 기업이 어떤 재정상황에 놓여있는지에 따라 달라지며 기업의 전체적인 자본상태를 나타낸다. 이에 관한 기본적인 선택은 부채자산과 자본(기업이 소유하는 자본의 총칭)에 있다.

그렇다면 언제 이자를 지급해야 할까? 상황에 따라 다르다. 단기어음(1년 미만)일 경우 이자는 보통 어음의 만기 시점에 낸다. 이 시점은 빌린 돈의 이자가 누적되는 기간의 마지막 날이다. 반면 장기지급 어음(1년 이상)은 1년에 두 번 이자를 내거나 가능하면 매달, 혹은 매 분기에 낼 수도 있다. 단기어음과 장기어음 모두 이자 지급이 연기되는 경우가 발생한다. 그렇지만 이자비용은 돈을 빌린 기간 내내 매일 기록해야 한다.

회계 기간에 누적된 미지급 이자비용은 미지급비용 계정에 기록한다. 예시 10-1 연말 대차대조표를 보면 지급하지 않은 이자비용이 두 번째 미지급비용 부채에 기록되어 있다. 이 예시의 미지급 이자비용 $75,000는 비교적 적은 액수다. 일반적으로 외부용 재무제표에 미지급 이자비용을 별도의 부채 계정에 표기하지 않고 있으나 엄밀히 말해 규칙에 위배된다.

 회계 이슈

우선 미지급비용에서 발생하는 부채는 기업이 그것을 얼마나 정직하게 계산하느냐에 달렸다. 사실 이 수치를 임의로 계산해서 예산을 잡는 기업이 부지기수다. 숫자조작 문제 중 하나가 바로 이 부분이다. 요컨대 수익을 높이거나 낮추기 위해 매출액과 비용 수치를 고의적으로 바꿔 기록할 수 있다. 내가 할 수 있는 말은 그해의 원하는 수익에 도달하기 위해 매출액과 비용 수치를 조작하는 기업이 상당수 존재한다는 것이다. 그리고 당연한 말이지만 숫자를 조작한 재무제표를 공개하지 않는다. 대출신청이나 그에 따른 수수료 등 대출 시 발생하는 이자비용과 변호사비용을 포함한 부수적인 사항은 재무제표에 따로 공시하는 것이 마땅하다. 그러나 현실에서는 이렇게 발생하는 비용을 운영비용 계정에 모두 포함하는 경우가 대부분이다. 따라서 손익계산서에 명시하는 이자비용 역시 일정 기간 발생한 부채로 간주한다.

이번 장 앞에서 말했듯이 현실적으로 연말 대차대조표에 미지급 이자비용 계정을 따로 구분하지 않는 경우가 대부분이다. 그러나 만약 부채 액수가 크다면 대차대조표에 별도로 기재하는 것이 옳다. 특히 기업이 이자를 오랫동안 지급하지 못한 상황이라면 대차대조표에 이에 관한 정황을 정확히 설명해야 한다.

마지막으로 심각한 재정난을 겪고 있어서 채무를 갚지 못하는 기업이 재무제표에 어떻게 이 사실을 나타내는지 이야기해 보자. 재무제표의 기본 전제 중 하나는 기업이 계속된다는 가정이다. 회계사가 명확한 반대 증거가 없는 한, 기업이 해오던 대로 사업을 운영하며 기업이 알지도 못하는 사이에 자산이 없어지거나 다른 기업에 흡수되지 않는다고 가정하는 것이다. 만약 회사가 심각할 정도로 부채를 상환하지 못하는 처지라면 채권자는 기업에 사업을 정리하고 돈을 갚도록 조처를 할 권리가 있다. 최악의 경우에는 빚을 갚지 못해 기업마저 뺏길 처지가 될 수도 있다. 기업에서는 이럴 때를 대비해 파산 대책을 세우며 이 부분에 관한 법은 매우 복잡하며 이 책에서 다루는 범위 밖이다. 이 경우 기업은 불안정한 재정상태를 완전히 공개하는 재무제표를 작성해야 한다.

11

소득세 비용과 부채

INCOME TAX EXPENSE AND ITS LIABILITY

 기업의 이익을 위한
소득세

이야기를 시작하기 전 먼저 예시 11-1을 참조하길 바란다. 예시 11-1은 손익계산서 소득세 비용과 대차대조표 미지급 소득세 부채의 연관성을 나타낸다. 한 해 동안 기업이 내야 할 소득세 전체 금액 중 아직 내지 않은 일부분이다. 당연히 이른 시일 내에 내야 하며 그전까지는 미지급 소득세 계정에 남아있다.

우리가 예로 든 기업은 법인회사다. 법인회사는 동업이나 유한회사(사원이 자본 출자 의무를 부담하며 회사 채무는 출자액의 한도 내에서만 책임을 진다-옮긴이)와는 달리 법인기구의 한 형태로 운영하는 기업이다. 이런 기업은 법적인 관점에서는 한 개인으로 취급한다. 법인회사는 많은 이점이 있지만, 수익창출을 추구하기에는 한 가지 치명적인 단점을 갖고 있다. 기업의 수익에 소득세가 부과된다는 점이다. 더 정확히 말하면 소득세를 빼기 전의 수익인 과세대상 소득에 세금 의무가 있다.

이 책에 실린 기업은 우리가 주변에서 흔히 볼 수 있는 주식회사다. 소득세법에 따르면 작은 규모의 회사나 S항 해당회사(일반 주식회사는 회사 소득을 주주 개인의 소득으로 간주하여 과세 의무가 있는 회사의 수익을 배당한 후 다시 과세를 부과하는 이중과세 형태다. S항 해당회사는 이중과세를 피할 수 있는 조건을 충족하는 회사다-옮긴이), 동업회사나 유한회사는 세금을 거쳐 지나가는 개체로 소득세를 내는 것이 아니라 전달하는 역할을 한다. 따라서 연간과세소득은 소득세신고를 하는 기업의 지분을 가진 소유주에게 넘어간다. 이런 방식으로 주식회사는 수익에 대한 이중과세를 피할 수 있다. 수익 종류에는 회사 운영으로 발생하는 수익과 주식으로 발행하는 수익(순수익으로부터 주주들에게 배당금을 할당할 수 있는 정도)이 있다.

여기서 유념해야 할 것은 주식회사는 반드시 소득세를 내는 과세소득을 벌어야 한다는 점이다. 소득세를 내지 않는 가장 쉬운 방법은 과세소득이 없거나 세법상 손실을 본 경우다. 기업이 수익을 원하는 것은 당연한 일이지만 힘들게 번 돈을 정부와 나눠 가져야 하는 부담이 있다.

두 번째로 유념해야 할 점은 미국 연방정부 소득세법에는 소득세를 줄이거나 납부를 연기할 수 있는 허술한 구멍이 많다는 것이다(주 정부 소득세법은 말할 필요도 없다). 물론 여러분도 세법이 얼마나 복잡한지 잘 알고 있으리라 믿는다. 세법을 조금이라도 안다면

예시 11-1 소득세 비용과 미지급 소득세(단위: 천 달러)

손익계산서(연간)	
매출액	$ 52,000
매출원가	(33,800)
판매 및 일반관리비	(12,480)
감가상각비	(785)
이자비용	(545)
소득세 비용	(1,748)
순이익	$ 2,642

대차대조표(연말)		
자산		
현금 및 현금성 자산		$ 3,265
외상매출금		5,000
재고자산		8,450
선급비용		960
토지, 건물 및 기계	$ 16,500	
감가상각누계액	(4,250)	12,250
무형자산		5,575
자산 총계		$ 35,500
부채와 자본		
외상매입금		$ 3,320
미지급비용		1,515
미지급 소득세		165
단기지급 어음		3,125
장기지급 어음		4,250
자본금		8,125
이익잉여금		15,000
부채와 자본 총계		$ 35,500

> 연말까지 미납한 비교적 작은 연간 소득세 비용은 미지급 소득세 부채 계정에 기록한다.

지금 내가 말을 최대한 아끼고 있다는 것을 알 것이다. 사실 과세소득을 정의하기 위해서는 수천 페이지의 세법이 필요하다. 그래서 대부분 기업은 내야 할 과세소득이 얼마인지, 어떻게 하면 꼭 내야 할 금액을 최소화할 수 있는지 알기 위해 소득세 전문가를 고용한다. 내야 할 과세소득을 최소화하거나 내년으로 넘기는 식으로 세법의 특성을 다양하게 활용한다.

예시의 기업을 간단히 말하자면 이렇다. 기업 과세소득을 기준으로 계산한 세금을 연방정부와 주 정부 두 곳에 낸다. 더 나아가 기업이 손익계산서 작성에 사용하는 회계방식은 연간과세소득을 계산에 사용하는 회계방식과 같다.

예시를 살펴보면 기업의 이자 및 세전 이익은 $4,935,000이다 (예시 2-2 참조). 이 금액은 소득세를 기준으로 한 과세소득으로 보인다. 연방정부 소득세법에 따르면 연말까지 기업으로부터 세금을 100퍼센트에 가깝게 거둬들이기 위해 분할 지급하여 내도록 했다. 사실 내야 할 연간 총 소득세 중 일부 적은 금액은 특별한 벌금 없이 그해에 내지 않아도 된다(하지만 상황이 매우 복잡해질 수 있다).

예시의 기업은 올해 소득세 대부분을 냈다. 하지만 연말 부분을 살펴보면 연방 정부와 주 정부에 내야 할 세금 $165,000를 아직 내지 않았다. 이렇게 내지 않은 세금은 미지급 소득세 부채 계정에 기록한다(예시 11-1 참조).

연방정부 소득세법은 매년 바뀌고 있다. 의회는 언제나 어설픈 대책으로 대응하기 일쑤며 미세 조정(경제활동수준의 급격한 변동을 막기 위해 보조적인 금융정책 및 재정정책을 상황에 따라 수시로 적용하는 행위-옮긴이)을 시행해서 허술한 법은 폐지하고 새로운 법을 개정한다. 이처럼 세율은 항상 변하기 때문에 연간소득세 중 내지 않는 금액을 정확히 산정하는 것은 쉬운 일이 아니다. 하지만 연말까지 내지 않은 소득세 액수가 큰 기업이라면 기업 내부의 재정상태를 좀 더 꼼꼼히 알아보길 권하는 바이다.

회계 이슈

기업에 따라 연간과세소득을 계산할 때 이용하는 회계방식과 손익계산서의 매출액 및 비용을 계산할 때 이용하는 회계방식이 다를 수 있다. 소득세 납부를 내년으로 미루기 위해서다. 이 경우 재무보고 기준에 따르면 손익계산서의 소득세 비용 금액과 이자 및 세전 이익금액이 같아야 한다. 손익계산서에서 이자 및 세전 이익을 차감한 비용인 소득세 비용 평균을 기록하는데 필요하기 때문이다. 그러나 과세소득 중 실질적으로 정부에 내야 할 소득세는 평균 소득세 비용과 매우 다르다.

만약 손익계산서의 이자 및 세전 이익이 $10,000,000라고 하면 과세소득에 관한 평균소득세는 세율을 35%로 가정할 때 $3,500,000가 된다. 다만 여기에서는 기업이 소득세를 목적으로 다른 회계방식을 사용하며 실제 소득세는 고작 $2,500,000라고 하자. 물론 금액이 차이 나는 것은 일시적인 현상이며 몇 년이 지나면 기업은 결국 그때 손익계산서에 기록된 소득세보다 더 큰 액수의 세금을 내야 한다. 기업의 소득세는 총 $3,500,000이나 올해에 실제로 내야 할 금액은 $2,500,000에 불과하다. 차액 $1,000,000는 평균소득세 $3,500,000를 채우기 위해 소득세 비용에 추가해야 하며 연간소득세 부채 계정에 기록한다. 한마디로 차액 $1,000,000은 언제가 되었든 정부에 지급해야 하는 돈이다.

이처럼 재무제표에 소득세 비용과 부채를 기록할 때는 많은 문제점이 발생한다. 이 부분은 매우 전문적인 분야이며 이 책에서 다루는 내용의 범위에서도 벗어난다. 하지만 재무제표에 실리는 주석에는 실제로 정부에 내야 할 소득세(그해의 과세소득을 기준)와 손익계산서에 기록하는 평균 소득세 비용을 결부시킨 내용을 포함해야 한다. 재무제표를 볼 때 가장 이해하기 어려운 주석이 바로 이것이다.

소득세 비용회계는 기업 재무제표 본연의 조건과 잠정적인 성질을 말해 주는 좋은 예이다. 재무제표에 기록된 수치를 보면 한 해 동안 기업의 재정상태와 실적을 한눈에 알아볼 수 있다. 물론 회계사라고 해서 미래에 일어날 일을 다 알 수는 없으므로 재무제표는 일시적이며 나중에 수정할 것을 전제로 한다. 또한, 기록된 연간 소득세 비용과 이에 대한 대차대조표 계정은 나중에 개정할 수 있다. 국세청(Internal Revenue Service, IRS)이 상황에 따라 기업 스스로 작성한 소득세 신고서에 동의하지 않을 수도 있다. 실제로 지금까지 이들이 동의하지 않은 경우도 많이 있었으며 경우에 따라 감사를 나가기도 한다.

이에 대한 각 기업의 대응도 다양해서 연간 과세소득의 소득세법 해석에 있어 한계를 초월하는 기업도 있지만 어떤 기업은 곧이곧대로 법이 지시하는 사항을 준수한다. 어쨌든 소득세법은 매우 복잡한 법이며 모든 부분이 명백하다고 말할 수 없다. 간단히 말해 국세청에서 더 많은 소득세를 요구할 가능성이 항상 있다는 것을 염두에 둬야 한다(혹은 환불해 주는 경우가 생길 수도 있다).

순이익과 이익잉여금
주당순이익(EPS)
NET INCOME AND RETAINED EARNINGS

 순이익은 이익잉여금으로
흘러들어 간다

예시 12-1은 손익계산서의 순이익이 대차대조표의 이익잉여금으로 가는 과정과 순이익이 이번 장에서 처음으로 소개하는 부분인 주당순이익으로 가는 과정을 강조한다. 이번 장에서는 기업이 얻은 이익이 이익잉여금을 증가시키는 과정과 주당순이익을 설명할 것이다. 예를 들어 회사의 총자산이 $10,000,000이고, 총부채(이자를 지급하지 않는 영업부채와 이자를 지급하는 어음차입금 부채를 모두 포함한다고 가정하자)가 $3,000,000이며 주주들이 $4,000,000의 자본을 투자했다면 나머지 자산 $3,000,000는 저절로 생겨난 것이 아니다. 자산은 그냥 하늘에서 떨어진 돈이 아니다(이 표현은 나의 옛 교수님께서 사용했는데 아직도 잊지 못하는 구절이다). 총자산 중 나머지

$3,000,000는 기업이 창출한 수익을 아직 주주들에게 분배하지 않아 발생한 이익잉여금이다.

기본적으로 자본계정은 두 개가 필요하다. 하나는 주주가 투자한 자본이고 다른 하나는 이익잉여금이다. 따라서 기업이 수익을 주주들에게 분배할 때는 그들이 기업에 투자한 돈을 돌려주는 것인지(세금이 부과되지 않는다) 아니면 수익을 나눠 주는 것인지(과세대상) 명확히 구분해야 한다. 특히 법인회사는 이 두 개의 자본계정을 분명히 구분해야 한다.

기업의 손익계산서 가장 아래 부분을 보면 한 해 동안 회사가 창출한 수익인 순수익은 $2,642,000이다(예시 12-1 참조). 이처럼 순수익을 올리면 이익잉여금 계정이 증가한 것으로 기록한다. 대차대조표에서 두 개의 자본계정 중 하나인 소유주지분에 해당한다(다른 하나는 자본주). 이익잉여금은 말 그대로 증가한 연간 수익의 계정이며, 주주에게 수익을 분배하면 계정이 보유한 액수는 감소한다.

기업은 그동안 얻은 이익으로 주주에게 $750,000의 배당금을 나눠주었다(예시 3-1 참조). 따라서 한 해 동안 기업의 이익잉여금은 고작 $1,892,000 증가한 셈이다. 반면 연말 이익잉여금 계좌 잔액은 $15,000,000인데 기업을 설립한 이후 계속 누적된 금액이다. 이 기업은 총자산을 비롯한 다른 계좌 잔액보다 이익잉여금 계좌에 보유한 금액이 높은 것으로 보아 그동안 흑자였다는 것을 알 수 있다. 그러나 대차대조표를 보는 것만으로 기업이 1년, 혹은 그 이상의 기간에 손실을 보았는지 파악할 수는 없다. 만약 기업이 얻은 이익보다 손실이 높은 기간이 몇 년 동안 지속됐다면 이익잉여금

손익계산서(연간)	
매출액	$ 52,000
매출원가	(33,800)
판매 및 일반관리비	(12,480)
감가상각비	(785)
이자비용	(545)
소득세 비용	(1,748)
순이익	$ 2,642
주당순이익(EPS)	$ 3.30

최종 결산 결과 수익, 혹은 순이익은
자본계정의 이익잉여금을 증가시켰다
(이 계정은 주주들에게
할당한 배당금에 의해 감소한다).

대차대조표(연말)	
자산	
현금 및 현금성 자산	$ 3,265
외상매출금	5,000
재고자산	8,450
선급비용	960
토지, 건물 및 기계	16,500
감가상각누계액	(4,250)
무형자산	5,575
자산 총계	$ 35,500
부채와 자본	
외상매입금	$ 3,320
미지급비용	1,515
미지급 소득세	165
단기지급 어음	3,125
장기지급 어음	4,250
자본금	8,125
이익잉여금	15,000
부채와 자본 총계	$ 35,500

계좌 잔액은 마이너스가 되며 이를 누적적자라고 한다. 때로는 이와 비슷한 이름으로 부른다.

그런데 경험이 풍부한 경영자를 비롯한 많은 사람이 이익잉여금을 잘못 이해하고 있다. 이익잉여금을 기업의 자산이라고 생각하거나 현금이라고 오해한다. 이익잉여금은 절대로 자산이나 현금이 아니다. 하지만 이 계정의 이름 특성상 많은 사람이 이익잉여금을 기업이 이익을 감추는 것이라고 오해한다. 그러므로 '이익잉여금'이라는 명칭 대신 '이익에서 얻은 총자산 중 기업이 저장하는 금액'이라고 부르는 편이 의미를 더 정확히 전달할 수 있을 것이다. 수익을 올리는 것은 기업이 자산을 늘리는 방법의 하나다. 이를 사람들에게 정확히 전달하기 위해서는 새로운 명칭이 더 적합하다. 예를 들어 한 기업이 $1,000,000의 수익을 올렸다면 기본적으로 기업의 총자산은 $1,000,000 증가한 것이다. 기업의 장부 밸런스를 맞추기 위해서 회계사는 이익잉여금 계정에 $1,000,000를 추가 기록해야 한다.

간단히 말해 이익잉여금 계정의 잔액은 기업의 총자산을 구성하는 요건 중 하나다. 또 다른 요건은 주주가 투자한 돈(자본주)과 회사가 빌린 돈(지급어음 계정)이다. 예를 들어 $15,000,000의 수익을 창출했다면 그만큼 기업의 총자산이 늘어난다(예시 12-1 참조). 기업이 어떤 종류의 자산을 소유하고 있는지 알려면 대차대조표의 자산 부분을 반드시 고려해야 한다. 기업이 한 해 수익 중 일부, 혹은 전부를 보유하고 있다면 기업을 운영하는 자본에 추가하는 자금으로 간주해야 한다.

일반적으로 기업은 수익이 있다고 다시 원점으로 돌아가 주주에게 돈을 나눠주지 않는다. 비록 일전에 마이크로소프트사가 주주에게 수익금을 나눠주었지만 이곳은 비축한 현금이 넘쳐날 정도로 많았고 이 돈으로 딱히 재투자할 일이 없었기 때문이다.

반대로 기업이 문을 닫으면 빚을 청산하고 남은 돈을 주주에게 배분한다. 돈을 배분할 때 가장 처음으로 생각할 수 있는 것이 주주가 투자한 돈을 돌려주는 것이다. 그 후에 남은 돈이 바로 최종 배당금이며 여기에는 세금을 부과한다.

주당순이익(EPS)

손익계산서 가장 아래 부분에 표시한 순수익은 기업이 번 총수익이다. 주당순이익은 법인회사의 소유주, 혹은 자본주 수로 수익을 나눈 것이다. 예를 들어 당신 기업의 전체 주식 800,000개 중 2퍼센트에 해당하는 16,000개의 주식을 소유했다고 가정하자. 당신은 몇 년 전 기업을 설립할 때 설립회원으로서 투자 목적으로 주식을 $120,000에 샀다. 16,000개의 주식을 $120,000에 취득했다는 것은 주식 하나당 가격이 $7.50라는 뜻이다. 그리고 나중에 주식을 구매한 투자자는 이보다 더 많은 돈을 내고 구매한다.

이 모든 사실은 예시 12-1의 대차대조표를 보면 확인할 수 있다. 기업의 자본주 $8,125,000를 800,000개의 주식으로 나누면 주식 하나당 $10 이상이다. 따라서 차후 투자자는 주식을 살 때 $10 이상을 냈으며 혹은 $20 이상의 돈을 냈을 수도 있다. 또한, 모든 주식 중에 2퍼센트만 소유한다는 것은 당신 기업에 능동적으로 참여하지 않는 수동적인 주주라는 것을 의미한다. 물론 기업이 수익을 분배할 때 수익의 2퍼센트를 받을 권리가 있고 기업에 어떤 문제가 있을 때 주주 회의에서 2퍼센트의 영향을 줄 수 있다.

기업 주주로서 당신은 기업의 연간, 혹은 분기당 재무제표를 받는다. 당연한 이야기지만 수익을 올린 활동에 매우 관심이 갈 것이다. 또는 당신에게 속한 연간 순수익의 2퍼센트를 눈여겨볼 수도 있다. 당신 몫으로 갈 수익은 순수익 $2,642,000 중 $52,840이다.

혹은 순수익을 연간 평균 자본주 개수로 나눈 주당순이익을 살펴볼 수도 있다. 예시에서는 올해의 주당순이익은 $3.30이다. 주당순이익은 공익기업에 투자할 때 매우 중요한 요소다. 공기업(공익기업)의 주식은 뉴욕증권 거래소나 나스닥 같은 주식거래시장에서 거래한다. 공기업은 반드시 손익계산서 아래에 주당순이익을 표기해야 한다. 물론 공기업이 아닌 기업도 원한다면 주당순이익을 공개할 수 있으나 대부분 하지 않는다.

주당순이익은 17장에서 좀 더 자세히 다룰 것이다. 여기에서는 주당순이익이 주식의 시장가치 결정에 중요한 역할을 하는 요소라는 부분만 언급할 것이다. 예를 들어 내가 당신의 주식 1,000개를 구매하고 싶다고 가정하자. 그렇다면 당신은 하나당 $3.30인 주식을 15배인 $49.50에 팔기를 원할 것이다. 물론 나는 그 가격에 구매할 의향은 없다. 이처럼 주식을 매매할 때 고려해야 할 참조사항이 매우 중요하다. 특히 공기업의 주당순수익은 언론에서도 매우 큰 관심을 갖고 있다.

 회계 이슈

이익잉여금을 보유한 계정의 잔액은 기업이 거둔 순수익으로 주주에게 나눠 줄 수 있는 돈이다. 앞에서 말했듯이 회계에서 문제되는 부분은 이익잉여금보다는 매출액과 비용에서 더 많이 발생한다. 만약 순수익이 정확하지 않다면 이익잉여금 역시 정확히 산정할 수 없다. 이익잉여금의 전문적인 형태가 있는데 이 책에서 다룰 수 있는 범위가 아니다.

대체로 이익잉여금과 관련된 재무제표는 복잡하지 않고 직설적이기 때문에 논란의 여지가 될 일은 거의 없다. 그러나 주당순이익을 공개하는 것은 전적으로 다른 문제다.

먼저 주당순이익 산정에 많은 문제가 발생한다. 주당순이익을 계산할 때 보통 두 가지 방법을 사용한다. 하나는 실제 주식 개수를 바탕으로 계산하는 방법이고 다른 하나는 기업이 차후 발행할 것이라고 약속한 추가 주식을 이용한 방법이다. 이점은 17장에서 자세히 설명할 것이다.

영업활동으로 인한 현금흐름

CASH FLOE FROM OPERATING ACTIVITIES

 **수익과 현금흐름의
수익은 다르다!**

이제부터 화제를 살짝 바꿔보겠다. 4장에서 12장에 걸쳐 우리는 손익계산서를 살펴보고 각 장에서는 매출액과 비용에 따른 자산과 부채의 관계를 하나씩 살펴보았다. 매출액과 비용은 자산과 부채의 변화에 영향을 미친다. 대차대조표의 자산과 부채에 영향을 미치는 매출액과 비용을 제대로 이해하지 못하면 대차대조표도 이해할 수 없다.

이번 장에서는 현금흐름표의 두 가지 형태 중 첫 번째를 살펴볼 것이다. 현금흐름표는 손익계산서와 대차대조표에 이어 기업에서 가장 중요한 3가지 재무제표 중 하나다. 예시 13-1은 1장부터 지금까지 설명한 현금흐름표를 나타낸다. 잠시 시간을 내어 이 표를

대차대조표	연초	연말	변동
자산			
현금 및 현금성 자산	$ 3,735	$ 3,265	$ (470)
외상매출금	4,680	5,000	320
재고자산	7,515	8,450	935
선급비용	685	960	275
유형자산	13,450	16,500	3,050
감가상각누계액	(3,465)	(4,250)	(785)
무형자산	5,000	5,575	575
총자산	$ 31,600	$ 35,500	
부채			
외상매입금	$ 2,675	$ 3,320	$ 645
미지급비용	1,035	1,515	480
미지급 소득세	82	165	83
단기지급 어음	3,000	3,125	125
장기지급 어음	3,750	4,250	500
자본주	7,950	8,125	175
이익잉여금	13,108	15,000	1,892
총부채 및 자본	$ 31,600	$ 35,500	

현금흐름표

(손익계산서로부터 나온) 순이익	$ 2,642	
외상매출금 증가	(320)	
재고자산 증가	(935)	
선급비용 증가	(275)	
감가상각비	785	
외상매입금 증가	645	
미지급비용 증가	480	
미지급 소득세 증가	83	
영업활동으로 인한 현금흐름		$ 3,105
토지, 건물 및 기계 구매 지출	$ (3,050)	
무형자산 지출	(575)	
투자활동으로 인한 현금흐름		$ (3,625)
단기부채 증가	$ 125	
장기부채 증가	500	
추가적으로 발행한 주식	175	
현금 배당	(750)	
재정활동으로 인한 현금흐름		$ 50
한 해 동안 감소한 현금 보유량		$ (470)

유심히 읽어보길 바란다. 장담하건대 여러분 모두 현금흐름표의 첫 번째 부분(영업활동)보다 두 번째와 세 번째 부분(투자활동과 재정활동)이 훨씬 이해하기 쉬울 것이다.

예시 13-1은 한 해의 시작부터 끝까지 기업의 자산과 부채, 자본변화를 포함한 대차대조표다. 이번 장에서는 현금흐름표의 첫 번째 부분을 중점으로 이야기할 것이다. 기업이 한 해 동안 이룬 영업활동(수익을 창출하는 활동)을 나타낸다. 기업의 수익창출 활동은 손익계산서에 기록한다는 것을 기억하길 바란다.

여러분은 아마 지금쯤이면 왜 수익이 현금흐름과 같지 않은지 궁금할 것이다. 기업의 한 해가 끝난 시점에서 순수익은 $2,642,000이다. 그렇다면 이 수익이 현금을 생성하는 것이 아니란 말인가? 현금흐름표의 첫 번째 부분이 이 질문의 답을 갖고 있다. 첫 번째 부분의 마지막 줄에는 '영업활동으로 인한 현금흐름'이라고 적혀 있다(예시 13-1 참조). 솔직히 말해 이 이름은 잘 붙였다고 할 수 없다. 나라면 '수익으로 인한 현금흐름'이라고 이름 붙였을 것이다.

영업활동이라는 용어는 매출액과 비용에 관한 회계전문용어로, 여기서 매출액과 비용은 기업운영에 관한 수익창출 활동이다. 사실 이 부분을 두고 나는 계속 수익으로 인한 현금흐름이라고 언급했는데 개인적으로 이 표현이 더 명료하게 의미를 전달한다고 생각한다. 현금흐름표를 보면 기업이 창출한 수익으로 $3,105,000의 현금이 발생했으며 한 해 동안 기업에서 발생한 순수익 $2,642,000라는 것은 상대적으로 적은 액수다.

경영자는 두 가지 의무가 있다. 첫째는 수익을 내는 것이고 둘째는 수익을 가능한 한 빨리 현금으로 전환하는 것이다. 보통 화폐의 시간가치를 고려할 때 수익을 현금화하기까지 너무 오래 걸리면 그 과정에서 가치가 감소한다. 따라서 회사 경영자는 손익계산서에 기록된 수익과 한 해 동안 수익에서 나온 현금흐름의 차이를 명확히 구분해야 한다. 또한, 채무자와 투자자 또한 수익(영업활동)으로부터 발생한 현금흐름에 관심을 둬야 하며 이 중요한 사항을 조절하는 경영 능력을 눈여겨봐야 할 것이다.

순수익과 발생한 현금을 얻기 위해서 우리는 확실한 조정을 해야 한다. 한 해 동안 기업의 운영자산과 부채 중 하나라도 변화가 생긴다면 다른 것도 변하기 때문이다(자산과 부채는 매출액과 비용에 직접 영향을 미친다). 이제 기업의 현금흐름표를 보면서 어떻게 조정해야 하는지 살펴보자(예시 13-1 참조).

 영업활동으로 인한 현금흐름에
자산과 부채가 주는 영향

1. **외상매출금** : 기업이 연말까지 받지 못한 매출액 $5,000,000는 외상매출금 계정의 잔액이다. $5,000,000는 기업의 수익을 결정하는 매출액을 포함한 금액이다. 그러나 기업은 연말이 될 때까지 고객에게 돈을 받지 못하므로 $5,000,000는 연말에 현금 계정이 아닌 외상매출금 계정에 해당한다. 그런데 이해 초기 외상매출금 계정을 보면 $4,680,000달러를 수

금했다. 따라서 실제로 현금흐름에 영향을 주는 것은 한 해 동안 기업이 받아야 할 돈 $5,000,000에서 수금한 돈 $4,680,000를 뺀 나머지 금액 $320,000이다. 예시 13-1의 현금흐름표는 이 부분을 조정한 과정을 보여준다. 한마디로 외상매출금 증가는 수익의 현금흐름을 방해한다.

2. **재고자산 :** 기업은 한 해 동안 재고자산이 오히려 큰 폭으로 증가했는데 때에 따라 현명한 일이거나 혹은 아닐 수도 있다. 매출을 올리는 수요가 급등한 것일 수도 있고 아닐 수도 있다. 하지만 어떤 경우든 재고자산이 $935,000 증가한 것은 현금흐름에 부정적인 영향을 미친다. 이유는 이렇게 설명하는 것이 가장 빠를 것이다. 재고자산은 제조부터 판매가 이루어지기까지 대기해야 할 상품에 대한 투자로 투자 금액이 증가한다는 뜻은 투자에 돈을 더 많이 넣는다는 말이다. 현금흐름표 두 번째 조정사항을 살펴보면 재고자산 증가는 영업활동(회사의 수익창출 활동)으로 인한 현금흐름에 타격을 준다.

3. **선급비용 :** 기업은 내년에 사용할 특정 운영비용 $960,000를 미리 지급했다. 그래서 내년에는 이 비용에 관한 어떤 청구도 발생하지 않을 것이다. 기업의 연말 선급비용 잔액을 보면 올해 $960,000를 지급했고 연초 잔액을 보면 올해 비용 $685,000를 작년에 지급했다. 작년과 올해 선급비용의 잔액을 함께 살펴보면 이 회사가 올해 선급비용으로 지급한 실제 현금은 $275,000에 불과하다는 것을 알 수 있다. 따라서 올해는 $275,000의 현금을 사용한 것이다. 예시 13-1의 세 번째 조정사항을 살펴보길 바란다.

4. **감가상각비 :** 한 해 동안 기업이 기록한 감가상각비 $785,000는 수표로 사용한 금액이 아니라 토지, 건물 및 기계의 사용으로 감소한 비용을

적은 것이다. 감가상각누계액 계정이 증가한 것으로 토지, 건물 및 기계자산의 계정에 대조, 혹은 상쇄하여 감소한다. 이 같은 장기 운영자산은 매년 부분적으로 차감하여 소모비를 기록한다. 기업은 장기운영 자산을 현금으로 구매했기 때문에 소모비를 이중으로 지급할 필요가 없다. 간단히 말해 감가상각비는 경비를 지출하지 않기 때문에 마이너스가 되는 조정, 즉 수익으로 인한 현금흐름에 다시 더하는 조정이 필요하다. 현금흐름표의 네 번째 조정사항을 참조하길 바란다.

사실 감가상각비가 순수익에 다시 더해지는 것은 다른 방향으로 설명할 수 있다. 모든 매출액이 올해 모두 현금으로 회수되고, 회사는 회수한 현금으로 유형자산 사용에 따른 대가를 지급한다고 하자. 어떤 의미에서는 회사가 유형자산 일정 부분을 매년 고객에게 판매하는 것과 같으므로 유형자산의 판매가격을 결정하기 위해서는 매출원가에 감가상각비를 포함해야 한다. 따라서 매년 매출액에서 유형자산에 투자 자금 일부를 회수한다. 요약하면 회사는 현금흐름의 중요한 원천인 유형자산에 대한 투자액 중 감가상각비 $785,000를 회수한 것이다.

5. 외상매입금 : 기업의 연말 외상매입금 부채 잔액은 상품의 제조가격과 운영비용이 한 해 동안 완전히 지급되지 않았음을 보여준다. 그러므로 기업이 지급해야 할 금액이 $3,320,000임을 알 수 있다(예시 13-1 참조). 이 금액을 지급하지 않은 것은 당연히 현금지출을 하지 않았다는 뜻이다. 이와 반대인 상황을 생각해 보자. 연초에 기업의 외상매입금 잔액은 $2,675,000였으므로 아직 지급하지 않은 금액 $3,320,000에서 지급한 금액 $2,675,000를 뺀 금액 $645,000가 현금흐름으로는 남는 금액이다. 현금흐름표의 다섯 번째 조정 상황을 참조하자.

6. 미지급비용 : 이 부채 역시 외상매입금과 사실상 거의 같다. 기업은 한 해 동안 사용한 비용 $1,515,000를 지급하지 않았으며 연말 부채 잔액에서 확인할 수 있다. 그러나 연초에 $1,035,000를 지급했기 때문에 이 두 개의 계정 차액인 $480,000가 현금흐름상 남는다. 현금흐름표의 여섯 번째 조정 상황에 설명이 있다.

7. 소득세 비용 : 기업의 연초 잔액을 보면 작년에서 올해로 이월된 세금은 $82,000이며 연초에 냈다. 그리고 그해 연말에 청구된 세금은 총 $165,000이며 기업은 이 중 $82,000만 냈다. 따라서 아직 내지 않은 금액 $83,000만큼 현금 보유량이 증가하는 효과가 발생한다.

위의 7가지 조정을 합산하면 다음과 같은 순수익이 발생한다.

- 운영자산이 증가하면서 수익으로 인한 현금흐름이 감소했다. 반면 운영자산이 감소한 부분은 수익으로 인한 현금흐름이 증가하는 현상을 낳았다.
- 운영부채 증가는 수익으로 인한 현금흐름을 높이는 결과를 낳았으며 운영부채 감소는 현금흐름을 감소시켰다.

예시 13-1을 보면 7가지 조정사항 때문에 수익으로 인한 현금흐름은 $3,105,000가 된다. 현금흐름과 기본적인 수익의 차이점은 기업의 운영자산과 부채 변동 여부에 달린 것이다. 요약하자면 한 해 동안 기업의 영업활동으로 인한 현금은 $3,105,000가 된다. 이와 같은 현금흐름은 모든 기업에서 매우 핵심적인 요소다.

매출액	$ 51,680
매출원가 비용	(34,760)
영업비용	(11,630)
이자비용	(520)
소득세 비용	(1,665)
영업활동으로 인한 현금흐름	$ 3,105

회계 규칙을 제정한 미국 재무회계기준위원회(Financial Accounting Standards Board, FASB)는 영업활동으로 인한 현금흐름을 보고하는 방식을 발표했다. 지금까지 우리가 참조했던 예시 13-1의 현금흐름표에 있는 첫 번째 부분은 대다수의 기업에서 사용하는 방식이다. 이 표는 간접법이라고 부르는 방식으로 순수익을 조정하기 위해 운영자산과 부채를 바꿀 때 사용하며 영업활동으로 인한 현금흐름으로 이어진다. 하지만 미국 재무회계기준위원회는 직접법을 사용하는 것을 선호한다.

예시 13-2는 직접법으로 영업활동으로 인한 현금흐름을 구성하는 방식이다. 매출액과 비용으로 발생하는 현금흐름은 직접 이 방식에 나타난다. 직접적인 구성방식에는 운영자산과 부채의 변동을 요약한 사항이 추가되며 예시 13-1에서 나타난 간접법으로 인한 변동사항과 꽤 흡사하다.

물론 이 두 가지 구성방식 모두 영업활동으로 인한 현금흐름을 나타낸다. 미국 재무회계기준위원회는 직접적인 구성방식을 선호하지만, 규모가 큰 기업 대부분은 간접적인 구성방식을 사용한 재무제표를 공표한다(이때 미국 재무회계기준위원회의 승인을 받아야 한다). 간접법을 더 대중적으로 사용하기 때문에 이 책에서 예로 든 현금흐름표 역시 간접법을 사용했다.

 또 다른 방식의
현금흐름

경제나 재무 관련 기사에서 현금흐름을 언급하는 경우를 흔히 볼 수 있다. 그러나 수많은 기사 속에서 사용한 현금흐름이 정확히 무엇을 뜻하는지 이해하기 어려운 경우가 많다. 적어도 나는 그렇다. 기사를 작성하는 사람은 보통 기사에 사용한 용어를 정의하지 않는다.

만약 이들이 현금흐름이 무엇인지 정의한다면 우리가 지금까지 배운 개념과는 다를 것이다. 실제로 이들은 종종 다른 방식의 현금흐름을 뜻할 때 이 용어를 사용한다. 그러니 현금흐름이라는 용어를 사용한 기사를 볼 때는 이 사실을 유념하길 바란다.

요즘에는 현금흐름의 또 다른 정의인 '이자비용, 세금, 감가상각비, 무형자산 상각비 차감 전 이익(EBITDA)'이 대중화되고 있다. 이 책에서 예로 든 기업의 EBITDA는 다음과 같다(단위: 천 달러).

EBITDA 계산

순수익	$ 2,642
+ 이자	545
+ 소득세	1,748
+ 감가상각비	785
=EBITDA	$ 5,720

개인적인 관점에서 볼 때, 영업활동으로 인한 현금흐름을 살피는 과정에서 EBITDA 방식을 사용하면 오히려 어색하고 오해의 소지를 줄 수 있다. 그러므로 우선 EBITDA는 영업활동으로 인한 현금흐름의 기본이 아니라는 것을 명확하게 이해하고 명심해야 한다. 왜냐하면, 이자 및 소득세 비용은 현금흐름 계정에 포함하지 않으며 다른 요소들 역시 현금흐름에 영향을 주지 않기 때문이다.

또한, 현금흐름 EBITDA는 외상매출금, 재고자산, 선급비용, 외상매입금, 미지급비용, 소득세 비용에 있는 변화를 무시한 현금흐름이라는 것을 염두에 두길 바란다. 만약 운영자산과 부채 내에서 변화가 비교적 적다면 순수익에 그냥 감가상각비(상환금이 있으면 이도 포함)를 다시 더해도 무방할 것이다. 하지만 일반적으로 변화는 매우 의미가 크므로 결코 무시할 수 없다.

마지막 경고
현금흐름이 가장 중요한 위치로 떠밀려 나오고 수익이 가장 나중 순위가 되는 경우가 종종 있다. 기업의 수익창출이 시원치 않거나 손실이 발생했을 때 CEO가 사람들의 관심을 현금흐름으로 돌리려 하기 때문이다. 그러나 현금흐름은 수익의 대체용이 아니다. 이러한 고전 수법 중 하나가 바로 나쁜 소식에 쏠릴 관심을 좋은 쪽으로 돌리는 것이다. 한마디로 수익이 현금흐름을 생성하는 것이지 현금흐름이 수익을 좌우할 수 없다.

회계 이슈

재무제표를 보는 대중은 대체로 대차대조표(자산, 부채, 자본)에 직관적인 이해도를 갖고 있다. 그리고 수익은 매출액에서 비용을 차감한 나머지라는 것도 잘 이해하고 있다. 반면 현금흐름은 수익에서 나온다는 부분을 많은 사람이 혼란스러워하는 경향이 있다. 그들은 수익은 곧 돈을 버는 것이므로 현금이 증가하는 것만큼 수익도 올라간다고 생각한다. 하지만 이것은 사실이 아니다. 수익과 현금흐름은 엄연히 다른 수치며 둘 다 자신의 위치에서 매우 중요한 역할을 한다.

그러므로 회계사는 기업의 재무제표를 작성할 때 대중이 현금흐름을 오해한다는 사실을 인지해야 한다. 가장 이상적인 방향은 회계사가 재무제표를 명확히 작성하려고 노력하는 것이다. 수익은 자산과 부채를 매출 및 비용으로 기록할 때 사용하는 방법인 발생주의 원칙을 사용해 측정한다는 사실을 밝혀야 한다. 또한, 우리는 재무제표를 볼 때 매출 및 비용 현금흐름은 각각 다른 시기에 발생하며 발생한 수익과 이에 따른 현금흐름이 같지 않다는 사실을 알아야 한다.

하지만 회계사는 재무제표를 읽는 대중에게 현금흐름을 명확히 설명하기 위해 별다른 노력을 기울이지 않는다. 대중이 대차대조표나 손익계산서를 이해하는 만큼 현금흐름표도 이해할 수 있다고 생각하기 때문이다. 하지만 나는 기업과 회계사는 현금흐름표 작성에 훨씬 더 큰 노력을 기울여야 한다고 생각한다.

실제로 어떤 현금흐름표는 너무 복잡해서 혹시 고의적으로 이렇게 복잡하게 만든 것은 아닌지 의심이 들 정도다. 특히 공기업에서 발표한 재무제표 중 현금흐름표를 살펴보면 전문용어로 쓰인 정보가 30~40줄, 혹은 그 이상인 경우가 매우 많다. 대중이 이 모든 정보를 이해하고 대차대조표에서 그에 상응하는 자산과 부채를 찾아 결합하는 것은 사실상 불가능하다. 따라서 기업은 좀 더 읽기 편한 현금흐름표를 제공해야 한다. 더 나아가 기업의 최고경영층은 매년 기업의 현금흐름 요약과 설명까지 함께 공표해야 한다. 그러나 규모가 큰 기업 대부분은 이해하기 어렵고 읽는데 시간이 오래 걸리는 현금흐름표를 내놓고 있으며 설명은 거의 하지 않는다.

솔직히 말해 최근 일부 기업의 운영방식을 보면 그다지 믿음직스럽지 않다. 요컨대 현금흐름을 제대로 통제하고 있는가 하는 의심을 지울 수가 없다. 이러한 의심이 어느 정도 사실이기 때문에 재무제표를 쓸 때 현금흐름을 자세히 밝히는 것을 꺼리는 것이 아니겠는가? 사실 현금흐름을 통제하는 것은 쉬운 일이 아니다. 현금이 바닥나서 내일, 모레 하는 경우라면 특히 더 그럴 것이다.

투자활동과 재정활동으로 인한 현금흐름

CASH FLOWS FROM INVESTING AND FINANCING ACTIVITIES

 현금흐름표의
이해

　먼저 예시 14-1을 참조하길 바란다. 앞장에서 우리는 현금흐름표에서 가장 이해하기 어려운 첫 번째 부분인 영업활동으로 인한 현금흐름을 살펴보았다. 이번 장에서는 현금흐름에 비하면 매우 쉬운 나머지 두 부분을 알아보도록 하자.

　현금흐름표의 두 번째 부분(예시 14-1 참조)은 기업이 장기운영자산에 투자한 사항을 요약한 것이다. 예시의 기업은 고정자산(유형 장기운영 자산) 구매에 $3,050,000를 사용했다. 이 소비에 관한 설명은 현금흐름표 계정에서 대차대조표의 토지, 건물 및 기계 자산 계정으로 연결된 부분에 나타나 있다. 참고로 기업은 한 해 동안 무형자산에 $575,000를 더 투자했다. 현금흐름표의 투자활동 부분은 필요하면 투자한 것을 제거하는 과정(세금공제 후)도 포함한다.

　예시를 보면 기업은 올해에 장기운영 자산 중 무형자산과 유형자산에 해당하는 일부를 처분했다. 말이 나온 김에 말하자면 운영 중인 기업이 고정자산 일부를 처분하는 것은 흔히 있는 일이다. 현금흐름표의 세 번째 부분(예시 15-1 참조)은 재정활동이라는 현금흐름을 설명한다. 재정은 기업과 기업 자본(채권자와 주주) 사이의 관계를 지칭한다. 예를 보면 기업은 한 해 동안 단기, 장기채무가 늘어났다는 것을 알 수 있다. 또한, $175,000 어치의 주식을 새로 발행했다. 예시 14-1을 보면 현금흐름표에서 이에 상응하는 대차대조표로 연결하는 선을 확인할 수 있다.

　기업은 올해 $750,000의 배당금을 주주에게 분배했다. 현금배당은 현금흐름표 재정활동에 해당한다. 그렇다면 왜 이익에서 얻은 현금배당을 현금흐름표 옆(영업활동)에 놓지 않을까? 현금배당을 배치하는 부분은 다음 장에서 다시 이야기하겠다.

　한 해 동안 올린 순수익 $2,642,000가 기업의 이익잉여금을 증가시켰고 현금배당 $750,000는 자본계정을 감소시켰다. 따라서 이익잉여금은 총 $1,892,000 증가했다(예시 14-1 참조). 이 현금흐름표를 보았을 때 올해의 최종결산 결과는 $470,000 감소했다(예시 14-1 참조).

　현금변동은 말하지 않는 편이 나을 것 같다. 회계 간부에게 좋은 소식일 리 없으니 말이다. 최종결산 결과는 손익계산서의 가장 아랫줄에 있는 금액보다 클 수도 있고 작을 수도 있다. 하지만 이 현금흐름표의 최종 결과에서는 잘못된 부분을 찾을 수 없다. 이 부분

대차대조표	연초	연말	변동
자산			
현금 및 현금성 자산	$ 3,735	$ 3,265	$ (470)
외상매출금	4,680	5,000	320
재고자산	7,515	8,450	935
선급비용	685	960	275
유형자산	13,450	16,500	3,050 ←
감가상각누계액	(3,465)	(4,250)	(785)
무형자산	5,000	5,575	575 ←
총자산	$ 31,600	$ 35,500	
부채			
외상매입금	$ 2,675	$ 3,320	$ 645
미지급비용	1,035	1,515	480
미지급 소득세	82	165	83
단기지급 어음	3,000	3,125	125 ←
장기지급 어음	3,750	4,250	500 ←
자본주	7,950	8,125	175 ←
이익잉여금	13,108	15,000	1,892
총부채 및 자본	$ 31,600	$ 35,500	

현금흐름표

(손익계산서로부터 나온) 순이익	$ 2,642	
외상매출금 증가	(320)	
재고자산 증가	(935)	
선급비용 증가	(275)	
감가상각비	785	
외상매입금 증가	645	
미지급비용 증가	480	
미지급 소득세 증가	83	
영업활동으로 인한 현금흐름		$ 3,105
토지, 건물 및 기계 구매 지출	$ (3,050)	
무형자산 지출	(575)	
투자활동으로 인한 현금흐름		$ (3,625)
단기부채 증가	$ 125	
장기부채 증가	500	
추가적으로 발행한 주식	175	
현금 배당	(750)	
재정활동으로 인한 현금흐름		$ 50
한 해 동안 감소한 현금 보유량		$ (470)

은 한 해 동안 3가지 활동이 현금 보유량 변동에 어떻게 영향을 주었는지를 나타낸다.

 ### 현금발생 요인과
사용에 관한 이해

회사를 운영할 때 수익을 내는 것은 현금을 유입시키기 위한 필수요소다. 수익은 현금흐름의 내부적인 요인으로 기업의 외부적인 요인과 상관없이 자신의 힘으로 돈을 버는 활동을 가리킨다. 13장에서 우리는 기업의 수익창출 활동(영업활동)으로 인한 현금흐름이 $3,105,000라는 것을 언급했다. 이처럼 $3,000,000가 넘는 수익을 내는 것은 결코 쉬운 일이 아니다.

아까 우리가 가졌던 질문은 '수익으로 인한 현금흐름으로 기업이 무엇을 했는가?'였다. 이 질문에 답하려면 먼저 현금흐름표를 상기할 필요가 있다. 현금흐름표는 한 해 동안 기업의 추가자본금에서 나온 돈의 행방을 알려준다. 여기에서 가장 중요한 것은 현금흐름표를 통해 기업이 돈을 어디에 사용했는지 확실히 밝힐 수 있다는 점이다.

한 해 동안 기업에서 수익창출 활동으로 번 현금은 $3,105,000이다. 이 돈을 어떻게 사용할 수 있었을까? (여기서 잠시 실제로 어디에 돈을 사용했는지 짚고 넘어갈 것이다.) 현금 보유량을 증가시키는 한 가지 조건은 간단하다. 기업 당좌예금계좌에 돈을 넣어두는 것이다. 하지만 기업이 벼랑 끝에 몰린 처지거나 그날 벌어 그날 사는 것처럼 절박하게 현금 보유량을 증가시켜야 하는 상황이 아닌 이상 현금을 효율적으로 사용하는 방법이 아니다. 혹은 부채 일부를 상환하거나 주주에게 배당금을 지급할 수도 있다. 실제로 기업이 취한 방법은 $750,000 상당의 배당금을 주주에게 지급하는 것이었다. 이 금액이야말로 현금흐름표에 기록하는 주요 항목 중 하나다.

예시 14-1의 현금흐름표 세 번째 부분을 살펴보자. 수익으로 발생한 현금 $3,105,000에서 배당금 $750,000를 차감하면 영업활동으로 인한 현금흐름 중 $2,355,000가 남는다. 그렇다면 기업은 이 돈을 어디에 어떻게 사용했을까? 기업은 생산성과 판매량을 높이기 위한 시설 현대화와 확장에 $3,625,000를 투자해 장기운영 자산을 구매했다(예시 14-1 참조). 현금으로 지급한 경비가 자본적 지출이며 장기적인 안목으로 자산에 자본을 투자하는 것을 의미한다.

현금흐름표를 보면 자본적 지출이 배당금을 뺀 금액보다 많다($3,625,000 − $2,355,000 = $1,270,000). 부족한 돈은 어딘가 다른 곳에서 나온 것임이 분명하다. 부족한 돈을 메우는 방법은 첫째는 단기, 혹은 장기부채로 돈을 빌리는 것, 둘째는 새로 발행한 주식으로부터 얻은 추가 증권, 셋째는 현금 보유량 소비 축소, 이렇게 3가지가 있다.

예시에서 나오는 회사는 이 3가지 방법을 모두 사용했으며 다음 개요를 통해 알 수 있다(예시 14-1의 금액).

자본적 투자에 사용한 돈의 출처

단기부채 증가	$ 125,000
장기부채 증가	500,000
주식 발행	175,000
현금 보유량 감소	470,000
총금액	$ 1,270,000

　　매년 기업이 성장하면 배당금을 지급하고 남은 현금으로 자본적 투자에 사용한 돈을 충당한다. 하지만 보통은 부족하기 마련이다. 그 결과 부채와 자본을 늘려야 하는데, 이 책에서 예로 든 기업 역시 같은 방법을 사용했다. 16장에서는 기업이 성장, 혹은 퇴보함에 따라 영업활동이 현금흐름에 어떤 영향을 끼치는지 살펴볼 것이다. 기업 경영자, 대출기관, 투자자는 항상 자본적 투자를 눈여겨본다. 사실 기업도 경쟁력을 유지하고 증대시키기 위해 새로운 고정자산이 필요하며 나중을 위해 시설을 확장할 필요가 있다고 말한다. 이런 사항들은 경영자가 주의 깊게 결정해야 할 부분이다.

　　자본 투자에는 항상 위험이 따른다. 앞으로 어떤 일이 벌어질지 아무도 모르기 때문이다. 하지만 한편으로 생각해보면 투자 없는 사업은 사형 선고나 다를 바 없는 것도 사실이다. 투자하지 않는 기업은 경쟁에서 뒤처져 결국 시장점유율을 잃는다. 최악으로는 다시 돌이킬 수 없는 사태가 벌어질지도 모른다. 그렇다고 마구잡이로 투자하면 어떻게 될까? 다시 한 번 강조하지만, 한도를 초과한 지나친 투자는 결국 스스로 목을 죄는 결과를 초래한다. 어쨌든, 기업은 올해에 새 자산 구매에 $3,625,000를 사용했다. 부채를 갚기 위한 돈을 어디서 마련할 것인지 결정해야 한다. 앞서 말했듯이 기업은 현금 보유량을 $470,000 축소하는 방안을 채택했다. 기업의 연말 현금 보유량은 $3,265,000이며 연간 매출액 $52,000,000 중 3주치 금액을 웃돈다.

이쯤에서 짚고 넘어가야 할 점은 기업이 현금 보유량을 사용하면 어느 정도가 적절한지 참고할 수 있는 일반적인 기준이 없다는 것이다. 아마 다른 기업의 경영자가 이 책 예시를 본다면 대부분 기업의 현금 보유량이 적당하다고 여길 것이다. 단지 염두에 둬야 할 점은 갑자기 상황이 나빠졌을 때를 대비하려면 현금을 얼마나 갖고 있어야 하는가다. 만약 갑자기 경제가 폭락한다면? 혹은 기업 매출이 급격히 감소한다면? 아니면 외상매출금이 제때 수금되지 않는다면? 재고자산이 잘 팔리지 않아서 현금이 원활하게 흐르지 않는다면? 월급날이 되었는데 직원에게 줄 월급조차 없을 정도로 돈이 부족하다면? 이처럼 현금이 부족하면 쉽게 답을 내리기 어려울 것이다.

기업은 현금을 많이 보유하기 위해 배당금 지급을 포기할 수도 있었다. 아마 주주 중 십중팔구는 자신이 투자한 기업으로부터 배당금을 받길 원할 것이다. 기업 이사회는 주주의 이런 바람에 부담을 느낀다. 예시 14-1의 현금흐름표 중 재정활동 부분에서 기업은 $750,000 상당의 배당금을 주주에게 분배했다. 요약하면 현금흐름표는 손익계산서나 대차대조표와 마찬가지로 주의 깊게 검토할 가치가 있다. 드물지만 수익을 내는 기업도 자산의 유동성 문제(사용할 수 있는 현금이 거의 없는 상태)나 지급 능력(부채를 시간에 맞춰 지급하는 것)에 문제가 생길 수 있다. 수익을 낸다고 해서 이런 문제가 발생하지 않으리라고 장담할 수는 없다. 기업 내에 어떤 위험 신호가 있는지 알기 위해서는 현금흐름표를 주의 깊게 살펴볼 필요가 있다.

13장 마지막 부분에서 나는 공기업이 발표한 현금흐름표는 종종 지나치게 자세한 사항들로 어수선하다고 언급했었다. 지나치게 부정적인 생각일 수도 있지만 실제로 어떤 기업은 고의라고밖에 생각할 수 없을 정도로 현금흐름표를 어렵게 작성하기도 한다.

현금흐름표를 읽을 때 큰 그림을 주의 깊게 보면서 작은 부분은 가볍게 넘기는 것이 좋다. 한 걸음 뒤로 물러나 전체적인 그림을 봐야 한다. 그런데 대부분 공기업이 발표한 손익계산서는 현금흐름표보다 훨씬 적은 양의 정보를 담고 있으며 이해하기 쉽다. 정말 이상한 현상이다.

 회계 이슈

여기까지 보고 나면 현금흐름을 이해하는 것 자체는 그리 복잡하지 않다. 하지만 실제 현금흐름 보고에는 다양한 기술적인 문제가 발생한다. 예를 들어 운영이 중단된 사업의 현금흐름은 계속 운영 중인 사업과는 별도로 기록해야 할까? 한때 운영한 단기 활동에서 발생한 현금흐름을 순이익으로 간주해야 하는가? 지금 이 질문들은 우리가 이 책에서 다루는 범위에서 벗어나는 내용이다(지금 내 귀에는 여러분의 한숨 소리가 들리는 듯하다).

현금흐름 보고에 관한 권위적인 성명발표는 재무회계기준위원회가 이행한다는 점을 명심해야 한다. 기업은 재무보고서에 주당 현금흐름, 특히 영업활동의 주당 현금흐름 내용을 포함하면 안 된다. 앞서 공기업은 주당순이익을 의무적으로 보고해야 한다고 했지만 사실은 반대다. 재무회계기준위원회는 재무제표를 보는 사람들이 주당순이익과 현금흐름을 혼동하지 않기를 원한다.

나는 재무제표에서 액수가 큰 부분과는 별개로 왜 현금흐름표 재정활동 부분에 현금배당금을 기록해야 하는지 의구심이 든다. 개인적으로 현금배당금은 영업활동으로 인한 현금흐름 바로 아래 칸에 기재하는 것이 옳다고 생각한다. 영업활동으로 인한 현금흐름에서 현금배당금을 차감하는 것은 가능한 범위의 현금흐름을 강조하기 때문이다. 다음은 예시 기업의 현금흐름표에 있는 현금배당금을 다루는 또 다른 방법이다(예시 14-1 참조, 단위 천 달러).

영업활동으로 인한 현금흐름	$ 3,105
현금배당금	(750)
가능한 범용의 현금흐름	$ 2,355

이 계산의 목적은 현금배당금을 분배한 후 수익으로 인한 현금

흐름이 얼마나 남았는지 정확히 알아보기 위해서다. 재무제표를 보는 사람은 수익으로 인한 현금흐름과 주주에게 분배하는 현금배당금을 편리하게 비교해 볼 수 있다. 또한, 수익으로 인한 현금흐름의 양에 따른 배당금이 얼마인지 판단할 수 있으며, 기업이 다른 필요한 곳에 사용할 수 있는 현금이 얼마나 남아있는지 파악하는 것도 가능하다.

미리 말해두지만, 재무회계기준위원회가 내게 이 문제에 대해 조언을 구한 적은 없다. 재무회계기준위원회는 배당금을 현금흐름표 재정활동 부분에 기록해야 한다고 결정했다. 하지만 나는 선택의 폭을 더 넓혀서 기업이 현금흐름표의 어디에 배당금을 기록할 것인지 정해야 한다고 생각한다.

재무제표 주석

FOOTNOTES TO FINANCIAL STATEMENTS

 재무제표에 관한
단편

　예시 15-1은 3가지 재무제표의 주된 구성내용과 보충설명을 보여준다. 주석은 3가지 재무제표에 이어 네 번째로 중요한 부분이다. 이번 장에서는 주석이 필요한 이유와 문제점을 이야기할 것이다. 주석에 관한 설명을 시작하기 전, 우선 앞에서 이야기한 3가지 재무제표를 간단히 짚고 넘어가자.

1. **대차대조표** : 재정표라고 하는 이 재무제표는 기업의 자산, 부채 및 자본을 나타내며 손익계산서를 작성하는 기간의 마지막 날을 기점으로 작성한다. 대차대조표를 이해하기 위해서는 먼저 자산을 이루는 기본적인 사항의 차이점(예를 들어 재고자산과 토지, 건물 및 장비 자산의 차이점)과 운영부

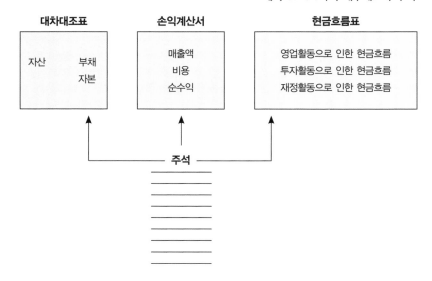

채(주로 외상매입금과 미지급비용을 뜻함), 그리고 이자가 붙는 채무의 차이점을 이해해야 한다. 또한, 주주가 투자한 자본과 분배하지 않는 수익인 이익잉여금의 차이점을 명확히 구분할 수 있어야 한다.

2. 손익계산서 : 이 재무제표는 일정 기간(기업이 수익창출 활동을 하는 기간) 발생한 매출액과 비용을 설명한 것으로 기업의 최종결산 결과나 순수익을 나타낸다. 공익기업은 주당순이익을 재무제표에 반드시 밝혀야 한다. 공익기업이 아니면 주당순이익을 발표할 의무는 없다.

3. 현금흐름표 : 수익이 현금흐름에 영향을 끼친다는 것은 부정할 수 없는 사실이다. 그러나 한 해 동안 얻은 수익으로 인한 현금의 양이 그해 발생한 순수익과 반드시 일치하는 것은 아니다. 현금흐름표는 3가지 형태다. 첫째, 순수익에서 영업활동으로 이어지는 관계를 나타낸다. 둘째, 한 해

동안 투자활동으로 인한 현금흐름을 보여준다. 셋째, 한 해 동안 재정활동으로 인한 현금흐름을 보여준다. 현금흐름표는 기업의 재정적인 전략을 여실히 드러내는 역할을 한다. 따라서 기업의 재정적인 전략을 파악하려면 현금흐름표를 매우 주의 깊게 분석할 필요가 있다.

이 3가지 형태의 재무제표는 모든 종류의 사업에서 절대적으로 필요한 재정 문제를 밝히는 것이 목적이다. 그 목적이란 수익을 창출하고 바람직한 방법으로 재정상태를 유지하며 현금을 잘 이용하는 것이다. 일반적으로 인정된 회계원칙(GAAP)이라고 부르는 권위적인 미국의 재정보고 기준도 기업의 규모와 공사 기준과 관계없이 최근 2년이나 3년 치 재무제표를 요구하지 않는다. 하지만 한 해가 아닌 여러 해의 재무제표를 함께 발표하면 해마다 어떤 변화가 있는지 대중이 수월하게 비교할 수 있다는 이점이 존재한다. 그래서 미국연방정부는 공익기업인 미국증권거래위원회(Securities and Exchange Commission, SEC)에서 대차대조표는 2년, 손익계산서와 현금흐름표는 3년 치를 발표하도록 규정을 만들었다.

최근 산정된 결과에 따르면 미국에는 약 10,000개의 공익기업이 있다고 한다. 이러한 공익기업이 발표하는 재무제표는 공인회계사에게 회계감사를 받아야 한다. 특히 큰 규모의 공익기업은 전 세계적으로 가장 큰 회계기업의 감사를 받는다. 반면 개인기업이나 규모가 작은 기업은 일반적으로 감사를 받아야 할 의무가 없어서 스스로 결정할 수 있다. 회계감사에 관해서는 21장에서 자세히 다룰 것이다.

주석이 필요한 이유

　주석을 달지 않은 재무제표는 완성된 것이 아니며 자칫 내용을 오해할 소지가 있다. 실제로 주석은 재무제표의 보충설명으로 없으면 안 되는 중요한 요소다. 재무보고하는 경우를 생각해보자. 재무제표는 각각 한 페이지에서 최대 두 페이지에 걸쳐 실리므로 가능한 한 핵심을 간추릴 수밖에 없다. 이때 주석을 쓰는 이유는 다음과 같다.

　채권자나 투자자는 재무제표에 실린 정보 이상의 것을 원한다. 물론 하려고만 한다면 필요한 모든 정보를 재무제표에 담을 수 있다. 하지만 만약 5장, 10장, 혹은 20장에 달하는 대차대조표나 손익계산서를 읽는다고 생각해 보자. 굉장히 지루하고 힘든 일이 될 것이다. 그러므로 실용적인 방안으로 주석에 필요한 보충설명을 추가한다. 기업의 수뇌부 경영자는 재무제표는 물론 주석까지 책임져야 한다는 사실을 잊으면 안 된다. 각 재무제표의 가장 아래 부분에 주석을 기재한다.

　재무제표에 기재된 주석은 빠지면 안 되는 중요한 부분이다. 실제로 공인 회계감사관은 재무제표를 보고할 때 주석도 같이 보고한다. 주석은 재무제표를 보는 사람에게 필요한 정보를 추가 설명하는 것이므로 반드시 재무제표에 포함해야 한다. 재무보고를 할 때 중요한 전제는 필요한 정보를 밝히는 것이다. 더욱이 기업의 재무상태와 합리적 이해관계에 있는 사람이라면 공식적인 결정을 하고 자신의 이해를 지키는 데 필요한 정보를 받을 권리가 있다. 주석을 달 때 이상적인 방법은 가능한 한 알아보기 쉬운 용어를 쓰고 표나 예시를 명확하게 나타내는 것이다. 재무보고는 명확해야 한다. 명확하지 않은 재무보고를 작성하면 엄청난 비판에 시달리는 결과를 초래할 수 있다. 특히 주석이 너무 빼곡히 적혀있거나 내용이 모호해서 변호사조차 이해하기 어려울 때는 더욱 그렇다. 이점은 잠시 후에 다시 이야기할 것이다.

 두 가지 형태의
주석

거의 모든 기업은 첫 번째 주석에서 계열사 지분, 주요 시장, 산업 동향 등을 언급한다. 두 번째 주석은 기업이 사용하는 회계방식이 무엇인지 밝히고 설명한다. 예를 들면 회사의 매출원가와 연말 재고자산을 결정하기 위해서 채택한 회계처리 방법을 파악하고 이를 설명해야 한다. 일반적으로 인정된 회계원칙은 수많은 비용 항목과 매출에 대해서 둘 또는 그 이상의 회계처리 방법을 허용하며 대부분 회사는 이 중에서 하나를 선택할 수 있다. 이렇게 회사가 선택한 회계처리 방법은 주석에 명확하게 설명해야 한다.

아래 주석은 캐터필러(Caterpillar) 주식회사의 최근 재무보고에 포함된 것이다(미국 증권거래위원회에서 인증한 캐터필러 주식회사의 2007년 10-K, A-11쪽에 실린 내용).

아래 주석은 보는 사람이 회계 용어를 이해할 수 있다는 전제 아래 작성한 것이다.

재고자산은 저가법(원가법이나 시가법으로 평가한 가액 중 낮은 쪽의 가액을 장부가액으로 하는 평가방법-옮긴이)을 전제로 작성하였다. 비용은 주로 후입선출법(LIFO)으로 계산한다. 후입선출법으로 상정한 재고자산의 가치는 2007년과 2006년 12월 31일을 기준으로 보았을 때 전체 재고자산 중 75퍼센트를 차지하며 2005년 12월 31일을 기준으로 했을 때는 80퍼센트를 차지한다.

만약 선입선출법(FIFO)을 사용했다면 재고 재산의 가치는 12월 31일을 기준으로 2007년에는 $2,617,000, 2006년에는 $2,403,000, 2005년에는 $2,345,000였을 것이다.

참고로 캐터필러사의 재무제표 단위는 1백만 달러이다. 위의 주석에서는 만약 다른 회계방식을 사용했다면 최소 20억 달러 더 높았을 것이라는 사실을 밝히고 있다. 그렇다면 해마다 사용한 매출원가 비용 역시 달랐을 것이다. 기업은 주석에서 감가상각비를 산출하는 방식도 밝혀야 한다. 캐터필러 주식회사는 2007년 10-K 재무제표 주석에 다음의 내용을 실었다.

건물과 기계의 감가상각비를 계산할 때는 주로 가속법을 사용한다. 금융상품에 사용하는 장비를 임대한 경우 감가상각은 정액법을 사용해 계산한다. 기본적으로 감가상각은 임대기간 동안 장비의 남은 가치를 추정해서 원래 가격에서 차감한다. 캐터필러사가 사용하는 임대장비 감가상각비는 2007년 6억 71만 달러, 2006년 6억 31만 달러, 그리고 2005년에는 6억 15만 달러가 발생했으며 재무제표 1의 '기타 영업비용' 계정에 포함되었다. 2005, 2006, 2007년의 총 감가상각비는 각각 17억 25만 달러, 15억 54만 달러, 14억 44만 달러로 집계되었다. 취득한 무형자산의 감가상각비는 주로 정액법을 사용했으며 이 자산의 수명은 보통 20년을 넘지 않는다.

무형자산 비용은 체계적인 감가상각을 요구하지 않는다고 9장에서 설명했다. 우리가 흔히 볼 수 있는 두 번째 주석은 기업의 재무제표 통합을 설명해준다. 규모가 큰 기업은 보통 여러 가지 업체로 구성되며 모기업의 통제를 받는다. 이에 각 업체의 재무제표는 마치 하나의 기업인 것처럼 통합된 재무제표 형태로 모이면서 기존에 각 업체가 갖고 있던 방식은 소멸한다. 반대로 만약 기업이 계열사를 관리하지 않으면 각각 다른 형태의 재무제표가 만들어질 것이다.

주석은 회계방식을 설명하는 것 외에도 재무제표에 표기할 수 없는 중요한 정보를 제공한다. 예를 들어 만기일, 이율, 담보제공이나 장기부채에 관한 자세한 사항은 주석에 기록한다. 장기 운영자산에 붙는 연간 임대료 또한 마찬가지다. 주석에는 주식옵션이나 주주지분과 관련된 자세한 사항을 올바르게 설명하고 주당순이익의 가치 저하로 인한 현상을 기록한다. 또한, 기업에 걸린 소송이나 고소에 관한 설명, 회사 직원의 퇴직금이나 연금 계획, 혹은 보건의료비 비용 역시 주석에 표시한다. 주석에 포함할 수 있는 내용은 매우 다양하다. 연간 보고서를 준비할 때 기업은 공개해야 할 모든 부분을 철저히 확인하고 주석에 내용을 옮겨야 하는데 이는 결코 쉬운 일이 아니다. 이때 자칫하면 복잡해질 수 있는 내용을 상대적으로 쉽게 설명하는 것이 중요하다.

 ## 주석 작성에 미치는 경영자의 자유재량

경영자가 주석에 들어가야 할 부분이 무엇인지 검토할 때는 이를 잘 아는 사람(CEO, 법률고문, 외부 공인회계 감사단 등)의 도움이 필요하다. 일단 주석에 필요한 부분이 무엇인지 파악한 후 각 주제를 결정해야 한다. 경영자는 주석을 작성하면서 회사 내용을 어느 범위까지 공개해야 하는지 재량껏 결정할 수 있다. 한 가지 분명한 점은 주석을 작성할 때 기업의 경쟁력에 타격을 입힐 수 있는 정보를 누설하면 안 된다. 군이 그렇게 해서 경쟁사를 도와줄 필요는 없다. 주석의 목적은 어디까지나 합당한 자격을 가진 사람, 이를테면 대출기관이나 주주에게 필요한 정보를 제공하는 것이다.

그렇다면 그들은 어느 정도의 정보가 있어야 하는 것일까? 법적으로 그들이 가진 권리는 어느 정도나 될까? 이 질문에 딱 들어맞는 용어로 대답하기란 매우 어렵다. 기본적으로 포함하는 특정 내용을 제외하고, 정확히 어떤 내용을 포함해야 적절한 공시 기준에 걸맞은지를 파악하기도 쉽지 않고 명확한 기준이 없기 때문이다. 원천징수 때문에 기업에 소송을 거는 경우가 거의 없는 것처럼 재무제표를 허위로 발표하는 일은 극히 드물다. 기업의 고위간부에게는 사실을 기본으로 한 재무제표를 발표할 책임이 있으니 당연하다. 하지만 정작 주석 공시의 규칙과 기준은 공인회계사가 감사할 때 요구하는 몇 가지 법적 제재를 제외하고는 매우 모호하다. 따라서 경영자는 재량껏 주석 내용을 얼마나 솔직하게 어떤 식으로 표현할지 결정해야 한다. 요컨대 주석은 신문기사 작성처럼 쓰는 것이 아니다. 만약 기업의 광고 문구를 주석에 포함한다면 매출을 많이 올리지 못할 것이다.

 회계 이슈

재무보고 할 때 발생하는 문제는 주석 작성 방법에도 있다. 글쓰는 측면에서 본다면 이런 언급이 조심스럽겠지만 나는 그렇지 않다. 투자자와 증권분석가는 주석 읽기가 안개 자욱한 길을 걷는 것처럼 불분명하다며 비판한다. 실제로 어떤 주석은 너무 모호하게 쓰여서 의도적으로 그렇게 작성한 것은 아닌가 하는 의심이 들기도 한다. 분명 법에는 재무제표에 주석을 포함하도록 정해져 있지만, 보통사람도 이해할 수 있도록 명확하고 간결하게 작성해야 한다는 규정은 어디에도 없다. 때로는 의도적으로 법률적인 용어와 어색한 문장구조를 사용하여 작성하는 예도 있다. 특히 기업이 심각한 손실을 보거나 소송을 당한 문제를 작성한 내용이 그렇다. 이런 주석에는 일반적으로 볼 때 이해하기 어려운 전문용어가 가득하다.

정직하지 못한 내용으로 구성된 주석이 부지기수로 존재하는 것이 현실이다. 물론 채권자와 주주는 경영자가 기업의 수치스러운 부분을 주석에 모두 공개하거나, 자신이 내린 결정이 실수였다는 것을 자백할 거라 기대하지 않는다. 그렇지만 적어도 모호하게 뭉뚱그리는 것보다는 명료하고 정직하게 사실을 밝히는 것이 기업에 도움이 될 것은 분명하다.

채권자와 투자자는 종종 엉터리로 쓰인 주석 때문에 정확한 정보 입수에 곤란을 겪고 있다. 하지만 우리에게는 최대한 노력을 기울여 찬찬히 이 골칫거리 주석을 읽는 것 말고는 다른 방법이 없다. 이러한 주석에도 어떤 부분은 신중하게 훑어볼 가치가 있을 만큼 중요한 정보를 담고 있으니 어쩌겠는가. 주석을 읽는 여러분께 행운을 빈다.

2부

재무제표 분석

FINANCIAL STATEMENT ANALYSIS

현금흐름 증가와 감소에 따른 영향

IMPACT OF INCREASE AND DECREASE ON CASH FLOW

 현금흐름
분석의 시작

13장에서 우리는 순수익(손익계산서의 최종결산 결과)에서 현금흐름상 순수익(현금흐름표의 첫 번째 부분)으로 이동하는 경로를 살펴보았다. 현금흐름은 순수익보다 높거나 낮다. 과연 그 이유는 무엇일까? 감가상각비(그리고 현금으로 지급하지 않는 비용과 한 해 동안 기록된 손실), 영업자산의 변화, 영업부채의 변화라는 주요 3가지 이유가 있다.

1. **감가상각비**(현금으로 지급하지 않는 비용과 손실) : 매출액은 판매가 이루어지는 과정에서 발생하는 비용을 충당한다. 수익은 매출액에서 비용을 뺀 나머지 금액인데 이 비용 중 하나가 바로 감가상각비다.

기업은 기간마다 건물이나 기계(토지는 제외)의 감가상각비를 기록해야 한다. 이 비용을 지출할 때 현금은 전혀 사용하지 않으므로 감가상각비는 현금흐름 순수익에 다시 더해지는 비용이다.

기업은 감가상각비 외에도 현금으로 지급하지 않는 비용과 손실을 기록한다. 예를 들어 무형자산이 가진 가치의 손실을 파악하기 위해 상환비용을 기록한다. 혹은 보험에 들지 않은 자산에서 한 해 동안 발생한 손실을 기록할 수도 있다. 이 모든 비용은 발생해도 현금이 감소하지 않는다. 따라서 상환비용과 자산의 손실은 다시 순수익에 더해진다(감가상각비와 동일).

2. 영업자산 : 기업의 영업자산(외상매출금, 재고자산 및 선급비용)은 수익으로 인한 현금흐름에 영향을 미친다. 특히 외상매출금의 증가는 현금 유입을 지연시키고 다른 영업자산에서 발생하는 현금 유출을 증가시킨다. 이와 대조적으로 외상매출금의 감소는 현금 유입을 가속하며 다른 영업자산으로부터 발생하는 현금을 감소시킨다. 그래서 사실상 사업에 필요한 투자 금액은 영업자산에서 나오는 수익으로 청산한다.

3. 영업부채 : 기업의 영업부채(외상매입금, 미지급비용 및 소득세 비용)가 증가하면 그해의 현금 유입량도 함께 증가한다. 기업은 영업부채의 범위보다 큰 현금 지출을 피하기 마련이므로 한 해 동안 지출하는 비용은 실제로 지급하지 않고 부채 계정에 기록한다.

반면 영업부채의 감소는 정반대의 결과를 가져온다. 이는 그해에 사용한 비용을 기록한 금액보다 더 많은 액수를 현금으로 지급하기 때문이다.

단순히 순이익에 감가상각비를 다시 더해서 영업활동으로 인한 실질적인 현금흐름을 측정할 수는 없다. 한 해 동안 영업자산과 부채에 생긴 변화는 현금흐름에 영향을 끼치며 이런 경우는 상당히 빈번하게 발생한다.

 ## 정상상태의 현금흐름

지금까지 예시를 통해 기업의 내년 모습은 어떨지 한 번 내다보도록 하자. 일반적으로 내년에 발생할 매출액은 더욱 증가하거나, 꾸준하거나, 감소할 것이다. 이것이 내년에 예측할 수 있는 시나리오다. 이 시나리오에 따라 영업활동으로 인한 현금흐름에 끼치는 영향도 다르게 나타난다.

지금부터 정상상태와 증가하거나 감소하지 않는 시나리오를 예로 들어보자. 예시 16-1은 기업의 내년 현금흐름표 첫 번째 부분을 나타낸 것이다.

이 시나리오의 매출액과 비용은 연말에 두 배가 되었다. 내년의 손익계산서는 따로 싣지 않았다. 현실적으로 내년이 되면 매출액과 비용은 조금이나마 변하기 마련이다. 그럼에도 이렇게 같은 경우를 예로 드는 이유는 증가하거나 감소한 경우를 설명하기에 앞서 좀 더 쉬운 상태를 이해하기 위해서다.

예시 16-1은 기업의 영업자산과 부채가 내년까지 꾸준하다는 것을 전제로 한다. 내년에 기업이 올릴 매출액은 작년과 같기 때문에 외상매출금은 변하지 않는다. 마찬가지로 매출원가 비용도 내년에도 같으므로 재고자산이 증가하거나 감소하지 않는다. 선급비용, 외상매출금, 미지급비용, 소득세 비용도 마찬가지다. 따라서 예시 16-1은 영업자산이나 부채의 변동이 전혀 없음을 나타낸다. 그 결과 감가상각비를 순수익에 더하는 현금흐름 조정만이 유일한 변화다.

예시 16-1은 감가상각비의 본질을 강조하여 보여준다. 굉장히 눈에 잘 띄지 않는가? 예시 16-1은 기업의 영업자산과 부채에 변화가 없다는 것을 보여준다. 예를 들어 기업의 외상매출금은 연간 매출액 5주 치와 같은 금액이며 재고자산은 연간 매출원가 비용 13주 치와 같고 다른 계정의 금액도 이와 마찬가지다. 물론 시간이 지나면서 이 비율도 달라질 수 있다. 하지만 이 시나리오에서는 매출액과 비용, 그리고 이에 상응하는 자산과 부채의 영업비율이 내년까지 계속 이어진다.

예시 16-1 정상상태에서 영업활동으로 인한 현금흐름(단위: 천 달러)

순수익	$ 2,642
외상매출금 변화	0
재고자산 변화	0
선급비용 변화	0
감가상각비	785
외상매입금 변화소득세 비용	0
미지급비용 변화	0
미지급 소득세 변화	0
영업활동으로 인한 현금흐름	$ 3,427

정상상태라면 기업은 외상매출금 평균 금액이 연간 매출액의 6주 치가 될 때까지 수금할 수 있다. 그런데 이때 외상매출금이 증가하면 순이익에 기준을 두었을 때 현금흐름이 부족한 상황을 초래한다. 매출액과 비용이 내년까지 꾸준히 이어지더라도 운영자산과 부채에는 변화가 생길 가능성이 있다. 이는 고객에게 외상매입금을 수금하는 평균기간이 길어지거나 재고자산을 보관하는 기간에 변화가 생기는 경우, 혹은 외상매입금을 수금하는 평균기간이 길어지는 경우 때문에 발생한다.

정상상태일 때 수익으로 인한 현금흐름은 매일 소에게서 우유를 얻듯 안정적이다. 기간마다 현금이 원활하게 돌아가고 꾸준한 감가상각(혹은 현금 이외의 비용)과 순수익이 발생한다. 캐시카우(cash cow, 시장 점유율이 높아 꾸준한 수익을 가져다주지만 시장의 성장 가능성은 낮음-옮긴이)라는 용어는 정상상태 상황에서의 사업을 의미한다. 기업의 고정자산(매년 다시 더해지는 감가상각비)에 투자한 자본을 되찾는 현금흐름은 고정자산을 대체하는 자금을 제공하는 원인이 된다. 이 예시에서는 지난 몇 년 동안 발생한 인플레이션 때문에 새로운 고정자산은 역사적 원가보다 더 높은 가격이 될 것이다.

현금흐름
단점

성장한다는 것은 회사의 가장 중요한 목표다. 물론 여기서 성장은 수익을 높이고 주주의 재산을 늘리는 것을 뜻한다. 그러나 훌륭한 경영 능력이 없다면 비용 금액이 매출액보다 더 많아질 것이고 그만큼 수익도 감소할 것이다. 그러므로 힘든 시기라면 사업을 그대로 유지하는 것이 가장 좋은 방법일 수도 있다.

예시 16-2는 기업의 내년 성장상태를 나타낸다. 왼쪽은 연말 손익계산서로 내년 매출액과 비용 예산을 보여준다. 기업은 매출액 성장을 목표로 한다. 그래서 기업 CEO는 목표를 달성했을 때 내년 수익으로 인한 현금흐름에 어떤 영향을 미칠지 미리 알고 싶어한다(기업의 예산 결정은 설명하지 않겠다. 바라건대, 기업의 경영자들이 현실적으로 예측하고 이룰 수 있는 목표를 세우길 바란다. 물론 모든 경영자가 그럴 수 있는 것은 아니겠지만 말이다).

예시 16-2에서 내년 매출액과 비용의 예산 변동은 내년의 순수익과 관련된 현금흐름 조정과 관계가 있다. 손익계산서에서 현금흐름표의 영업활동으로 인한 현금흐름으로 이어지는 선을 참조하길 바란다.

주의 영업자산과 부채에서 차이가 나는 금액은 내년까지 영업 비율이 계속 유지되는 것을 전제로 한다. 예를 들어 내년의 매출원가 금액 예산을 $4,225,000 보다 더 높게 잡았다고 하자. 기업의 재고자산은 연간 매출원가 비용의 13주 치와 맞먹는 액수다. 따라서 매출원가 비용을 늘리면 재고자산에 투자하는 금액도 증가한다.

손익계산서	실제 연말	내년 예산의 변화
매출액	$ 52,000	$ 6,500
매출원가 비용	(33,800)	4,225
매상 총이익	$ 18,200	
판매 및 일반관리비	(12,480)	1,560
감가상각비	(785)	95
이자 및 세전 이익	$ 4,935	
이자비용	(545)	35
세전 이익	$ 4,390	
소득세 비용	(1,748)	190
순수익	$ 2,642	$ 395
내년 증가한 예산	395	
내년 예산 순수익	$ 3,037	

$$\frac{13}{52} \times \frac{증가한\ 매출원가\ 비용}{\$4,225,000} = \frac{증가한\ 재고자산}{(약)\$1,056,000}$$

마찬가지로, 예시 16-2에서는 기업의 다른 영업 비율도 꾸준히 증가하는 것을 알 수 있다. 다만 감가상각비는 영업 비율을 바탕으로 하지 않는다. 내년의 감가상각비를 파악하려면 먼저 기업의 고정자산을 자세히 분석해서 이를 바탕으로 계산해야 한다. 고정자산 구입 계획이 있기 때문에 비용이 $95,000 증가할 것이다. 따라서 내년에 순수익에 더해질 감가상각비는 $880,000이다 ($785,000+$95,000 = $880,000).

내년 영업활동으로 인한 현금흐름 예산	
예산 순수익	$ 3,037
외상매출금 증가	(625)
재고자산 증가	(1,056)
선급비용 증가	(120)
감가상각비	880
외상매입금 증가	415
미지급비용 증가	185
미지급 소득세 증가	15
영업활동으로 인한 현금흐름	$ 2,731

내년 수익은 작년 수익의 15퍼센트인 $395,000가 증가한 금액을 예산으로 잡았다(예시 16-2 참조). 당연히 주주는 기뻐할 것이다. 그러나 만약 그들이 받을 배당금이 15퍼센트 증가할 것이라고 예상한다면 실망할지도 모른다. 작년 기업이 창출한 수익의 현금은 $3,105,000이다(예시 3-1 참조). 아직 성장상태라는 점을 고려하면 예산수익이 증가한다고 현금흐름도 증가한다고 볼 수는 없다. 따라서 수익으로 인한 현금흐름은 고작 $2,731,000의 성장 상태다(예시 16-2 참조). 과연 이 정도로 마음에 찰까?

수익으로 인한 현금흐름 액수가 적은 것은 내년의 외상매출금과 재고자산 증가로 현금흐름이 큰 폭으로 변했기 때문이다. 그리고 외상매출금과 재고자산은 매출과 비용 변동에 영향을 받는다. 순수익보다 큰 폭으로 떨어진 현금흐름은 증가한 영업 부채에 비례해 상쇄된다. 수익은 증가하지만 이에 대한 현금흐름은 감소한다.

현금흐름에서 저절로 성장이 이루어지는 경우는 없다. 성장은 내년의 수익창출에 도움이 되지만 올해의 현금흐름에는 오히려 지장을 주는 경우가 많다. 성장해도 현금흐름은 수익처럼 꾸준히 증가하지 않는다. 예시를 보면 기업의 현금흐름은 모든 활동에서 작년보다 감소할 것으로 보인다. 확실한 것은 현금흐름이 정체기나 정상상태일 때보다 더 낮을 것이라는 사실이다.

성장상태에서 수익으로 인한 현금흐름이 $2,731,000인 예시 16-2와 정상상태에서의 현금흐름인 예시 16-1을 비교해 보자. 정상상태에서는 현금흐름이 $3,427,000임을 알 수 있으며 이는 성장상태일 때보다 $696,000 높은 것을 알 수 있다. 정상상태의 수익은 더 낮지만, 현금흐름은 더 높다. 물론 현금흐름을 높이기 위해 기업의 성장 가능성을 희생하라고 권하는 것은 아니다. 짧은 기간 내에 성장을 이루기 위해서는 현금 지출을 고려해야 한다는 점을 명확히 알리고 싶다.

이렇게 단기간에 급성장한 기업은 모든 수익을 재투자에 쓰기 때문에 주주에게 배당금 지급을 연기하는 것이 보통이다. 재고자산의 규모를 줄이는 방법 등을 이용해 영업 비율을 향상할 수 있다면 수익으로 인한 현금흐름 속도를 더 높일 수 있다. 그러나 일반적으로 성장상태에서 영업 비율을 높이는 것은 대단히 어렵다. 오히려 부담을 느낀 나머지 영업 비율이 더 떨어지는 경우도 발생한다. 예를 들어 매출을 높이기 위해 고객이 더 자유롭게 외상구매를 한다면 그 기간의 평균 외상매입금은 증가한다. 혹은 배달 시간대나 고객 선택의 폭을 넓히기 위해 재고자산의 물품을 더 많이, 더 다양하게 늘릴 수도 있다.

 메모 예시 16-2에는 기업의 다른 현금흐름 종류나 내년에 현금을 사용할 계획이 없다. 즉 투자나 재정 부분의 현금흐름표가 없다(14장 참조). 예를 들어 내년에 자본적 지출을 어떻게 사용할 것인지, 혹은 주주에게 어떤 방식으로 배당금을 나눠줄 것인지에 관한 설명이 없다.

 ## 쇠퇴상태에서 현금흐름이 보상해 주는 것

옛말에 '올라간 것은 반드시 내려온다'는 말이 있다. 이 말은 비즈니스에도 확실히 적용되는 말이다. 영원히 성장할 수 있는 기업은 거의 없다. 지금은 대중에게 사랑받아도 결국 무뎌지거나 전세가 역전되기 마련이다. 물론 개중에는 월마트처럼 눈에 띄게 꾸준히 발전하는 예도 있다. 그러나 맥도날드처럼 기력이 쇠해서 성장이 점점 평행을 이어가다 결국 쇠퇴하기도 한다. 또한, 선천적으로 순환을 반복해야 하는 산업분야도 있다. 이런 기업은 마치 롤러코스터를 타는 것처럼 매출액이 오르락내리락한다. 하지만 어떤 경우든 실적이 감소하면 대부분 경영이 나빠진다.

매출이 떨어지면 대응책으로 즉시 비용을 줄이는 방안을 고려하는데 매우 힘든 일이다. 여러 대응책 중 한 가지는 판매량이 줄었을 때, 단시간에 줄일 수 없는 고정비용을 기업이 떠안으면서 빚을 지는 것이다. 이때 기업은 고정비용을 줄이는 과정을 거쳐야 한다. 그렇다면 기업이 부진한 판매로 힘든 시기를 겪는 경우 수익으로 인한 현금흐름에 어떤 일이 생길까?

> **메모** 예시 16-3을 보면 판매 및 일반관리비가 매출액에 비례해서 감소한다는 것을 알 수 있다. 대부분 기업이 고정영업자산 때문에 빚을 진다. 판매량이 감소하기 시작할 때 고정비용을 즉시 줄이는 것은 사실상 거의 불가능한 일이기 때문이다. 고정비용을 조금씩 줄이기 위해서는 시간이 필요하다.

하지만 기업의 판매 및 일반관리비는 매출액 감소와 비례해서 감소하지 않는다. 왜냐하면 이 카테고리에 포함된 요소 중 대부분이 고정비용이라는 특성 때문이다. 따라서 설사 판매량이 심각하게 하락해도 기업은 즉각적으로 고정비용을 대폭 줄일 수 없다. 감소하는 시나리오를 생각할 경우, 기업의 순수익 예산이 $450,000 하락한다(예시 16-3 참조). 그러면 순수익은 $2,192,000가 되는데 이것은 좋지 않다. 그러나 놀랍게도 수익으로 인한 현금흐름은 $1,412,000가 상승한다! 아마 여러분은 믿기 어려울 것이다.

이제 현금흐름이 상승하는 이유를 알아보자. 예시 16-3에서 나타난 시나리오는 기업의 영업 비율이 변하지 않는다는 것을 전제로 한다. 예를 들어 외상매출금 비율은 연간 매출액의 5주 치에 해당한다. 매출액이 $6,500,000 하락한 이상 외상매출도 $625,000로 하락했다.

$$\frac{5}{52} \times \frac{\text{매출액 감소}}{\$6,500,000} = \frac{\text{외상매출금 감소}}{\$625,000}$$

예시 16-3을 보면 소득세를 포함한 모든 영업 자산과 부채가 감소한 이유는 기업이 내년 소득세 예산을 낮게 잡았기 때문이다.

거의 모든 면에서 감소하는 시나리오(예시 16-3)와 증가하는 시나리오(예시 16-2)는 정반대 양상을 보인다.

예를 들어 증가하는 시나리오에서 재고자산이 $1,056,000 증가하는 것은 순수익이 하향 조정되는 결과를 낳지만 감소하는 시나리오에서는 반대로 재고자산이 $1,056,000 감소하고 순수익은 상향 조정되는 결과를 낳는다.

따라서 감소하는 시나리오에서는 기업은 수익으로 인한 실질적인 현금흐름을 파악하고 이 현금을 어떻게 할 것인지 결정해야 한다. 부채상환 금액(이자발생 부채)을 하향 조정할 수도 있고 가능하다면 주식 일부를 처분할 수도 있다. 만약 비즈니스의 지속적인 감소가 예상된다면 부채나 자산에 필요한 자본을 크게 잡으면 안 된다. 판매가 부진하면 필요한 자산도 그만큼 더 적어지므로 결과적으로 필요한 자본도 감소한다.

좀 더 넓은 의미에서 볼 때 기업이 위험에 당면하는 것은 재기를

예시 16-3 쇠퇴상태에서 영업활동으로 인한 현금흐름(단위: 천 달러)

손익계산서	실제 연말	내년 예산의 변화
매출액	$ 52,000	$ (6,500)
매출원가 비용	(33,800)	(4,225)
매상 총이익	$ 18,200	
판매 및 일반관리비	(12,480)	(1,560)
감가상각비	(785)	0
이자 및 세전 이익	$ 4,935	
이자비용	(545)	25
세전 이익	$ 4,390	
소득세 비용	(1,748)	(240)
순수익	$ 2,642	$ (450)
내년 증가한 예산	(450)	
내년 예산 순수익	$ 2,192	

위한 전략을 구상할 때다. 사업 규모를 줄이는 것, 특히 오랫동안 기업과 함께 한 인력을 줄이는 것은 누구에게나 힘든 일이다. 사실 규모를 줄이는 것은 경영진이 사업을 유지할 수 있는 다른 방도가 없다고 결론 내리고 두 손을 들었다는 뜻이니 더욱 그렇다.

붉은 잉크와
현금흐름

앞에서 사업이 하락하는 경우의 이야기를 시작했으니 지금이야

내년 영업활동으로 인한 현금흐름 예산	
예산 순수익	$ 2,192
외상매출금 감소	625
재고자산 감소	1,056
선급비용 감소	120
감가상각비	785
외상매입금 감소	(415)
미지급비용 감소	(175)
미지급 소득세 감소	(45)
영업활동으로 인한 현금흐름	$ 4,143

말로 불편한 이야기를 꺼낼 적절한 시기다.

만약 손익계산서의 최종결산 결과가 빨간색으로 적혀있다면, 즉 그해에 순손실이 생겼다면 현금흐름에는 어떤 변화가 생길까? 순손실이란 한 해 동안의 총비용과 손실이 매출액(혹은 소득)보다 더 큰 것을 의미한다. 어떤 기업의 한 해 순손실이 $10,000,000라고 가정해 보자. 그렇다면 과연 기업의 현금도 $10,000,000 감소했을까? 그렇지 않다. 순손실에서 발생한 현금은 이와 다르다. 따라서 현금흐름을 확실히 파악하기 위해서는 13장에서 설명한 방법으로 조정하는 과정이 필요하다.

또한, 순손실 발생에는 다른 원인이 있다. 한 해 동안 발생한 순손실이 크다면 대부분 엄청난 자산의 감가상각(혹은 큰 액수의 부채) 때문이다. 예를 들어 어떤 기업의 영업권 자산 잔액이 감액(자산이 손실되는 것) 때문에 대손 처리되었다고 하자. 그러면 기업의 경영진은 차후 기업의 자산 가치를 더 낮게 조정하거나 아예 자산 처분을 결정해야 한다. 자산의 감가상각은 현금으로 경비를 지출하는 것과는 관계가 없다. 그래서 영업활동으로 인한 현금흐름은 자산의 감가상각에 영향을 받지 않는다. 이 책의 개정판을 쓸 당시, 금융기관이 차선 외상매출금 융자에 관한 내용을 장부에서 지우는 일은 비일비재했다.

만약 어떤 기업이 한 해 동안의 감가상각 자산은 기록하지 않았지만 그해의 순손실은 기록했다고 가정하자. 기업의 영업활동으로 인한 현금흐름은 적자로 나타날 확률이 매우 높다. 비용의 총 현금 경비가 매출로 발생한 현금 유입(심지어 감가상각비를 다시 더한 액수보다도)보다 높게 나온다.

이런 상태를 적자 현금흐름이라고 한다. 현금흐름이 적자인 상태에서 기업은 사용 가능한 현금을 모두 사용한다. 이렇게 사용 가능한 현금 비율을 경비지출 속도라고 한다. 별도의 현금 투입 없이 회사의 지속가능기간 측정에 사용한다. 예를 들어 신생 벤처기업은 보통 창립 후 몇 년 동안은 영업 현금흐름이 적자인 상태를 경험한다. 이때 경비지출 속도는 종종 너무 빨라서 결과적으로 살아남기 어려운 경우가 많다.

마지막 충고

현재의 재무보고 기준으로 볼 때 회사는 현금흐름에 관한 전략이나 문제점을 보고할 의무가 없다. 사업의 생존 여부는 물론 중대사지만 기업 최고 경영진은 현금흐름에서 나타나는 심각한 문제점에 어떤 방식으로 대처할 것인지 언급하지 않을 수도 있다. 따라서 17장에서는 채무자나 투자자가 자산의 유동성과 지급 능력 문제를 파악할 수 있도록 재무제표 비율을 설명할 것이다.

17

재무제표 비율
FINANCIAL STATEMENT RATIOS

 ## 재무제표의
목적

재무제표의 주요 목적은 투자자와 채무자에게 기업의 최근 재정정보를 제공하는 것이다. 이들은 기업에 자본을 제공하기 때문에 기업정보를 전달받을 권리가 있다. 그 밖에도 기업 직원이나 채권자 역시 기업의 재정상태에 관심을 둘 수 있다. 이렇게 이해관계가 있는 사람이 재무제표를 읽을 때 염두에 둬야 할 사실은 재무보고가 기본적으로 기업에 투자한 소유주와 채무자를 위해 만들어진다는 점이다. 재무보고 기준은 그들을 중심으로 발전했다는 사실을 명심해야 한다.

통계를 보면 미국에는 공기업이 약 10,000개 정도 있다고 한다. 공기업의 주식과 증권은 공공시장에서 매매한다. 기업의 재정 정보

전달은 주로 미국 증권거래위원회가 실시하는 법의 관리 아래에 있다. 또한, 뉴욕 증권거래소, 나스닥, 혹은 그 밖의 다른 증권시장 역시 증권매매 시 유출하는 기업의 재정 정보에 관한 규정이 있다.

전 세계적으로 약 12,000개의 외국기업 증권이 주식시장에서 거래되고 있으며 나라마다 통제를 위한 실시기관이 존재한다. 유럽연합(EU)은 소속 국가의 재무보고에 관한 법을 제정했으며 미국을 포함한 거의 모든 나라가 국제재무보고 기준을 받아들이고 있다. 이것은 19장에서 자세히 논할 것이다.

미국을 비롯한 다른 나라에서 기업은 법적으로 주주나 채무자에게 기업정보를 말할 수 없으며 공표하기 전까지는 그와 관련된 어떠한 정보도 누설하면 안 된다. 이렇게 재무보고에 관한 법과 규칙을 정한 것은 모든 주주와 채무자에게 기업의 재무정보와 재무보고에 관한 알 권리를 같이 주기 위해서다. 어쩌면 기업의 재무보고는 이제 더는 기업의 수익활동을 알아낼 수 있는 가장 중요한 정보 원천이 아닐 수도 있다. 실제로 미국 대부분의 공기업은 언론을 통해 최근 수익결과를 발표하고 있으며 언론은 이 정보를 분석해서 기업의 주주와 채무자에게 재무보고서를 전달한다. 공기업은 대부분 재무보고서를 언론에 공개하면서 동시에 회사 웹 사이트에도 올린다. 개인사업체는 주주와 채무자에게 재무보고서를 직접 보내지 않지만 하려고만 한다면 얼마든지 할 수 있다. 그러나 웹 사이트에는 공개하지 않는 것이 일반적이다.

이번 장에서는 주주와 채무자가 기업의 재무제표를 받고 나서 어떤 조처를 하는지 살펴보면서 연간 재무제표를 중심으로 이야기할 것이다(분기 재무보고는 연간보고서를 간소화한 것이다). 특히 이번 장에서는 투자자와 채무자에게 유용한 특정 비율에 초점을 맞출 것이다.

 ### 재무제표의
개요

예시 17-1은 기업의 연간 재무제표를 보여준다. 이 표에는 앞장에서 예로 든 기업의 재무제표로 주석을 포함하지 않았다(재무제표의 주석은 15장에서 설명했다). 이 기업은 개인 소유이기 때문에 주식을 공공시장에서 거래하지 않는다. 주주는 일부 경영자와 CEO, 사장과 몇몇 부사장으로 구성되어 있는데 이 정도 규모의 기업이면 기업공개(Initial Public Offering, IPO)를 통해 주식을 거래하는 시장에 진출해서 공기업이 될 수도 있으나 이 기업은 개인사업체로 유지하기로 했다.

우리는 증권 분석(기업에서 발행한 주식과 부채를 분석하는 것)의 모든 분야를 다루지 않을 것이다. 증권 분석은 사업 경쟁력의 장단점, 국내와 국외 경제발전, 기업합병의 가능성 분석 등 많은 종류의 분석 작업을 포함한다. 지금 우리가 살펴봐야 할 증권 분석의 가장 기초적인 부분은 비율이다. 또한, 이번 장은 경향분석의 중요성도 다루지 않는다. 경향분석이란 기업의 올해와 작년의 재무제표 비교를 포함하는 것으로 해마다 주목해야 할 주요 변화를 알아보기 위한 분석이다. 예를 들면 투자자와 채무자는 기업판매량의 증가와 감소에 큰 관심이 있다. 그뿐만 아니라 이 결과가 수익창출 활동이나 현금흐름, 또는 회사의 재정상태에 어떻게 영향을 미치는지 주목한다(16장에서 현금흐름의 성장 혹은 감소를 살펴보았다).

이번 장에서는 재무제표를 분석할 때 사용하는 기초적인 비율을 설명할 예정이므로 이보다 좀 더 평범한 주제를 갖고 이야기할 것이다. 그래서 많은 종류의 비율 중 몇 가지만을 다루겠지만, 이것들은 굉장히 유용하고 널리 사용하는 비율이다.

지금까지 우리가 살펴본 재무제표 비율은 두 가지다. 4장에서 언급한 외상매출금 순환 비율과 5장에서 언급한 재고 회전율이 바로 그것이다. 이번 장에서는 채무자와 투자자에게 매우 유용한 비율을 몇 가지 더 소개할 것이다.

기업이 재무보고를 개시했을 때 투자자가 가장 먼저 하는 일 중 하나는 재무제표를 다시 한 번 검토하는 일이다. 재무제표를 살피는 것은 당연하지만 어떤 부분을 먼저 보느냐가 관건이다. 나의 경험상, 높은 확률로 손익계산서의 최종결산 결과를 먼저 살펴본다. 한 해 동안 기업이 수익을 냈는지 아니면 손실을 보았는지 확인하는 것이다. 실제로 한 스포츠 스타는 자신이 투자한 여러 기업을 예의주시한다고 밝히면서 제일 먼저 최종결산 결과에 덧붙여진 것이 있는지 확인한다고 한다.

예시의 기업은 덧붙여진 것이 없다. 즉, 손실이 없었다. 기업의 손익계산서로는 한 해 동안 기업이 번 순수익은 $2,642,000이다. 그렇다면 기업의 영업활동은 좋은 것일까, 보통일까, 아니면 나쁜 것일까? 이 답을 얻기 위해서는 조금 전에 언급했던 비율이 필요하다.

손익계산서(연간)

매출액	$ 52,000
매출원가	(33,800)
매상 총이익	$ 18,200
판매관리비	(12,480)
감가상각비	(785)
이자비용	(545)
세전 이익	$ 4,390
소득세 비용	(1,748)
순이익	$ 2,642
기본 주당순이익	$ 3.30

재무상태표(연말)

자산

현금 및 현금성자산		$ 3,265
외상매출금		5,000
재고자산		8,450
선급비용		960
유동성 자산		$ 17,675
토지, 건물 및 기계	$ 16,500	
감가상각누계액	(4,250)	12,250
무형자산		5,575
자산 총계		$ 35,500

부채와 자본

외상매입금		$ 3,320
미지급비용		1,515
미지급법인세		165
단기지급 어음		3,125
유동성 부채		$ 8,125
장기지급 어음		4,250
총부채		$ 12,375
자본금(주식 800,000)	$ 8,125	
이익잉여금	15,000	
총자본		$ 23,125
부채와 자본 총계		$ 35,500

자본변동표

	자본금	이익 잉여금
기초 잔액	$ 7,950	$ 13,108
당기순이익		2,642
유상증자	$ 175	
현금배당		(750)
기말 잔액	$ 8,125	$ 15,000

현금흐름표

순이익	$ 2,642
외상매출금 증가	(320)
재고자산 증가	(935)
선급비용 증가	(275)
감가상각비	785
외상매입금 증가	645
미지급비용 증가	480
미지급 소득세 증가	83
영업활동으로 인한 현금흐름	$ 3,105
토지, 건물 및 기계의 소비 지출	$ (3,050)
무형자산 지출	(575)
투자활동으로 인한 현금흐름	$ (3,625)
단기부채 증가	$ 125
장기부채 증가	500
추가적으로 발행한 주식	175
현금 배당	(750)
재정활동으로 인한 현금흐름	$ 50
한 해 동안 감소한 현금 보유량	$ (470)
연초 현금 보유량	3,735
연말 현금 보유량	$ 3,265

기업은 단 한 번 발생한 부분을 적는 특별손익 항목을 따로 보고하지 않는다. 생략된 항목에는 고정자산 상당 부분을 팔고 얻은 이익을 기록하거나 퇴직금을 받아야 하는 직원을 해고하고 퇴직금에 해당하는 금액을 기록할 수도 있다. 항상 있는 일이 아닌 특별한 상황에 해당하는 획득 혹은 손실이며 기업에서 항상 기록하는 사항과는 별도로 사용한다. 기술적으로 복잡한 부분을 유발할 수도 있다.

여기서 주의해야 할 부분이 바로 이것이다. 이처럼 불규칙한 일정으로 발생한 획득이나 손실은 수익창출 활동을 예측하고 평가하는 작업을 까다롭게 만든다. 특별손익 항목, 그중에서도 특히 손실은 다음처럼 골치 아픈 의구심을 불러일으키기도 한다.

- 특별손실이 과연 지난 회계 실수 만회에 진정 도움이 되는가?
- 기업이 제기한 특별손익 항목이 사실은 규칙적으로 반복되는 부분이라면?
- 특별손익 항목이 다시 발생할 것인가? 만약 그렇다면 금액은 얼마가 될 것인가?

이런 손익 항목의 조정을 결정하는 일은 아무리 좋게 생각해도 매우 성가실 수밖에 없다. 많은 사람이 재무제표를 볼 때 제일 먼저 손익계산서를 훑어본 후 기업자산을 살펴보고 부채와 비교할 것이다. 기업의 자산이 부채 충당에 합당한가? 이 질문의 답을 구하는 데 도움이 되는 것이 비율이다.

이제 현금흐름을 살펴보자. 예시 17-1을 보면 현금흐름표는 기업이 외부에 재무보고를 할 때 반드시 갖추어야 할 재무제표 중 하나다. 그럼에도 이 책의 예시 중에는 현금흐름표를 포함하지 않은 것도 있다. 아마 여러분도 이 점을 의아하게 생각했을 것이다. 이번 장에서 현금흐름표의 비율을 언급하지 않은 이유는 현금흐름표의 특정 수준 지표가 없기 때문이다.

현금흐름은 지금도 재정 관련 언론의 관심을 상당 부분 차지하고 있으며 증권 중개인과 투자를 조언하는 기업보고서를 쓸 때도 큰 부분을 차지한다. 특히 수익으로 인한 현금흐름은 기업의 변동성을 좌우하는 핵심적인 부분이다.

이 책에서 예로 나오는 기업의 한 해 동안 수익으로 인한 현금흐름은 $3,105,000이며 그 해의 자본 지출액 $3,625,000보다 적은 액수다. 한 해 동안 이 밖의 다른 현금 유입 원천은 $50,000에 불과하다. 게다가 기업의 현금 보유량은 $470,000 감소했다. 이런 식으로 현금흐름표를 살펴보면 한 해 동안 기업이 어떤 경로로 돈을 벌었으며, 그 돈으로 무엇을 했는지 대략 개요를 그리는데 도움이 된다. 수익으로 인한 현금흐름을 순이익으로 나눠보면 순이익에 대한 현금흐름의 비율을 알 수 있는데 꽤 흥미로운 일이다.

그러나 재무제표 분석에 사용하는 기준 비율은 될 수 없다. 수익(영업활동)으로 인한 현금흐름을 주식 개수로 나누면 주식당 현금흐름을 알 수 있다. 하지만 14장에서 말했듯이 재무회계기준위원회는 이 비율에 특별히 반대의 뜻을 표했다. 이것은 흔하지 않은 경우로 이렇게 재무회계기준위원회가 스스로 제정한 규율을 끝내는 일은 거의 없었다.

예시 17-1은 새로운 형태의 재무제표인 자본변동표를 소개한다. 어떻게 보면 이 표는 실제 재무제표가 아니다. 주식과 이익잉여금의 변화 요약에 좀 더 내용을 보충했을 뿐이다. 예시로 든 기업역시 이 표를 포함할 수도 있지만, 굳이 그러지 않은 이유는 기업의 재무제표를 볼 때 두 개의 주주 계정 변화를 파악하는 것이 어려운 일이 아니기 때문이다.

한 해 동안 이 기업은 추가로 주식 7,000개를 발행했다. 추가 발행한 주식 가격은 $175,000이며 현금흐름표에 나타나 있다(예시 17-1 참조). 따라서 주식 계정 잔액은 증가했다고 볼 수 있다. 올해의 순이익은 이익잉여금을 증가시켰으며 주주들에게 현금을 배당했기 때문에 이에 대한 계정은 감소했다.

각각 다른 주식을 포함하는 복합적인 주식자본 형태의 기업(소유주)인 경우, 자본 변화의 재무제표가 반드시 필요하다. 또한, 기업이 매각한 주식을 같은 해에 다시 사들일 경우에도 마찬가지다. 그뿐만 아니라 기업이 특정한 종류의 손실이나 획득을 이익잉여금계정에 기록하고 손익계산서에는 기록하지 않을 때도 재무제표가 필요하다.

손익계산서에 기록하지 않는 특정 획득이나 손실을 공표하는 것은 포괄적 이익이라는 분야로 따로 들어가야 하므로 여기서는 다루지 않겠다. 자본변동표가 종종 지나치게 복잡해서 어려워질 수 있기 때문이다. 따라서 이 책에서는 그냥 간단히 언급하는 정도로 지나가고 주로 3가지 재무제표(대차대조표, 손익계산서, 현금흐름표)를 살펴볼 것이다.

변제능력과 유동성, 그리고 상환능력 비율

주식분석가와 투자경영자, 개인투자자, 투자은행, 경제학자, 그리고 그 밖의 많은 사람이 기업의 3가지 재정 형태인 현금흐름, 상환능력, 영업활동에 큰 관심이 있다. 이 중 현금흐름 분석은 비율을(적어도 지금까지는) 사용하지 않았지만 상환능력이나 영업활동에 관한 분석은 다양한 기준으로 이루어진다.

은행을 비롯한 모든 대출기관은 기업에 대출을 해주거나 연장할 때 특정 재무제표 비율에 주목한다. 이 비율은 기업의 재정상태를 신용할 수 있는지, 대출이자와 대출금액을 상환할 수 있는 능력이 있는지 확인하는데 매우 유용하다.

상환능력은 기업이 상환 일자까지 부채를 갚을 수 있는 능력을 뜻한다. 상환할 수 있는 능력(변제 능력)을 유지하는 것은 모든 기업에게 매우 중요하다. 만약 채무를 상환할 능력이 없다면 기업은 법적 조치를 받을 수밖에 없고 곧 사업 운영이 힘들어지거나 최소 운영에 간섭을 받는다는 의미다.

 이제부터 제시할 모든 재무제표의 단위는 천 달러를 기준으로 할 것이다 (예시 17-1과 동일). 비율을 계산할 때마다 강조하는 것보다 예시 17-1의 자료를 바탕으로 하는 편이 더 나을 것이라고 믿는다.

유동비율 : 단기상환능력 검정

유동비율은 기업의 단기상환능력을 측정한다. 이 비율은 기업의 최근 대차대조표에 있는 총 유동자산을 총 유동부채로 나눈 것으로 다음처럼 계산한다.

$$\frac{\text{유동자산} \$17,675}{\text{유동부채} \$8,125} = \text{유동비율 2.18}$$

유동비율을 퍼센트로 나타내는 경우는 거의 없다(기업의 경우라면 218퍼센트가 될 것이다). 기업의 유동비율은 1.00 : 2.18로 표기하거나 그냥 2.18로 나타낸다. 일반적인 규칙, 혹은 기준으로 말하면 기업의 유동비율은 1 : 2, 혹은 그 이상이 돼야 한다. 이 수치가 보통 대출기관기업에서 기대하는 최소한의 유동비율이다. 단기대출기관은 기업이 유동자산에 대한 유동부채를 $\frac{1}{2}$이나 그 이하로 제한하기를 원한다.

그렇다면 왜 단기대출기관이 이렇게 제한을 두고 있는 것일까? 주요 이유는 기업에 빌려주는 단기채무를 돌려받기 위한 안전장치를 원하기 때문이다. 유동비율이 1 : 2라는 뜻은 이른 시일 내 \$2어치의 자산이 현금으로 전환되므로 같은 기간 내에 채무금액인 \$1를 갚을 수 있다는 뜻이다. 현금 혹은 현금 전환이 가능한 자산 \$2당 단기부채 \$1를 대비하는 것이다. 이렇게 부채보다 자산금액이 많으면 안전을 보장받을 수 있어 대출기관도 여유가 생긴다. 물론

1 : 2보다 낮은 유동비율, 심지어 1 : 1 정도의 비율로도 제시간에 맞춰 부채를 상환할 수 있다.

예시의 기업은 이자가 발생하지 않는 3가지 부채(외상매입금, 미지급비용, 소득세 비용)를 갖고 있으며 총 유동자산의 28퍼센트와 맞먹는 액수다. 게다가 은행에서 단기로 기업에 $3,125,000를 빌려줬는데 이것은 총자산의 18퍼센트에 해당한다. 반면 단기로 돈을 빌려주는 대출기관은 기업이 단기어음을 $4,000,000, $5,000,000로 올려달라고 사정해도 큰돈은 빌려주지 않으려고 한다.

일반적으로 단기채무는 기업의 유동자산이 유동부채보다 두 배라는 조건이 필요하다. 어쨌든 대출기관은 기업의 소유주가 아니므로 창출한 수익을 나눠줄 필요가 없지만 대출받은 돈을 밑천으로 창출한 수익은 대출기관이 요구하는 이자 지급에 사용하기 때문에 소득 제한이 있다. 대출기관 처지에서 보면 기업에 대출해줄 때 위험성을 최소화한 것이고 제한된 소득(고정소득)을 가져가는 투자자 처지에서 보면 큰 위험성을 지녀 보상받지 않은 것이다.

당좌비율

재고자산은 현금으로 전환되기까지 시간이 더 걸리고, 상품은 판매까지 2~4개월가량 걸린다. 만약 상품판매가 외상으로 이루어지면(기업 사이의 거래에서 흔히 있는 일) 대금을 수금하기까지 다시 기다려야 한다. 한마디로 재고자산은 현금 전환에 시간이 걸리기 때문에 외상매출금만큼 유동성 있는 자산이 아니다. 게다가 모든 상품이 팔릴 거라는 보장도 할 수 없다. 당좌비율은 기업의 단기부채 변제비율을 더 정밀히 측정하는 방법으로 재고자산과 선급비용을 제외한 것이다. 오직 현금과 유가증권 투자(가능한 경우), 외상매출금은 기업의 유동부채를 갚는 방법으로 간주한다. 이 비율을 당좌비율이라고 부르는 이유는 오직 현금과 현금으로 전환이 빠른 자산만이 유동부채를 갚을 수 있기 때문이다.

기업이 단기부채를 상환할 현금 및 현금성 자산을 얼마나 보유하고 있는지에 초점을 맞추고 있어 유동비율보다 더 본질적인 측면이 있다. 예시 기업의 당좌비율은 다음과 같이 계산한다(기업은 시장성 있는 유가증권에 투자하지 않았다).

$$\frac{\text{현금 } \$3,265 + \text{외상매출금 } \$5,000}{\text{유동부채 } \$8,125} = \text{당좌 비율 } 1.02$$

예외인 경우가 많지만 일반적으로 기업의 당좌비율은 1 이상이 돼야 한다.

채무 대 자기자본 비율

일반적으로 어느 정도의 채무가 있는 것은 괜찮지만 지나치게 많은 채무가 있다면 위험하다. 채무 대 자기자본 비율은 기업이 부채를 분별력 있게 사용하는지 아니면 지나치게 부채가 많아 문제가 생길 정도로 부담에 쫓기고 있는지를 알려주는 지표가 된다. 예시에서 기업의 채무 대 자기자본 비율은 다음처럼 계산한다.

$$\frac{총부채 \ \$12{,}375}{총 \ 자기자본 \ \$23{,}125} = 채무 \ 대 \ 자기자본 \ 비율 \ 0.54$$

이 비율은 기업이 자기자본 $1당 $0.54의 부채를 사용한다는 것을 알려준다. 모든 부채(이자가 발생하는 부채와 발생하지 않는 부채, 그리고 단기부채와 장기부채를 모두 포함)와 자본(주식자본과 이익잉여금을 모두 포함)이 여기에 포함된다. 채무 대 자기자본 비율이 0.54인 기업의 영향력은 중간 정도다. 여기서 영향력이란 주주가 아닌 다른 곳에서 자본에 추가한 금액 사용을 말한다. 즉 기업은 총자본 중에서 $1당 $1.54를 사용한다. 자본 $1당 자산운용비 $1.54를 사용한다고 할 수 있다.

대부분은 채무 대 자기자본 비율이 1:1 이하인 것이 일반적이다. 지나치게 많은 채무가 있거나, 자산의 반 이상에 해당하는 금액을 빌리기가 어렵기 때문이다. 하지만 공익기업체나 금융기관처럼 일부 자본 집약적 기업(자산이 많은 기업)은 채무 대 자기자본 비율을 1:1 이상으로 사용하기도 하며 이런 기업은 영향력이 크다.

이자보상배수

부채에 대한 이자를 낼 때 기업은 이자 및 소득세 지급 이전의 수익(Earnings Before Interest and Tax, EBIT)을 충분히 갖고 있어야 한다. 이자를 내는 능력을 알아보려면 이자보상배수를 계산해야 한다. 연간 이자 및 소득세 지급 이전의 수익을 이자비용으로 나누면 다음과 같다.

$$\frac{\$4,935 \text{ EBIT}}{\$545 \text{ 이자비용}} = \text{이자보상배수 } 9.1$$

딱히 이 수치에 보편적인 기준이 있는 것은 아니지만, 당연히 1:1보다 높아야 한다. 예시에서 이 회사의 EBIT는 연간 이자비용보다 9배가 넘기 때문에 대출기관이 안심할 수 있는 수치다. 만약 이 수치가 연간 이자비용을 넘지 못한다면 대출기관은 아마 굉장히 불안할 것이다(물론 기업의 경영진도 불안할 것이다).

 ## 매출이익률과 자기자본이익률

비용을 조절하면서 판매량을 높이면 수익을 창출할 수 있다. 총 매출액에 대한 남은 수익을 매출이익률이라고 한다. 일정 기간에 발생한 수익을 매출액으로 나눈 것이다. 예시에서 보면 기업의 작년 매출이익률은 다음과 같다.

$$\frac{\text{순수익 } \$2,642}{\text{매출액 } \$52,000} = \text{매출이익률 } 5.1\text{퍼센트}$$

매출이익률을 설명하는 방법에는 다른 방법도 있다. 매출이익률은 기업의 매출액 $100당 순수익은 $5.10, 비용 $94.90가 발생하는 것을 말한다. 산업 분야에 따라 확실한 차이를 보이며 일부 기업은 매출이익률이 1퍼센트에서 2퍼센트 내외면 성공으로 보지만 어떤 기업은 매출이익률이 10퍼센트 이상이 돼야만 그동안 자산에 많은 자본을 투자한 것을 정당화할 수 있다고 본다.

　이때 소유주는 몇 년 동안 기업이 수익을 올리고 수익창출 활동을 할 수 있을 때까지 지탱한다. 여러분이라면 기업이 안정을 찾을 때까지 얼마 동안이나 손실을 감수할 수 있을까? 소유주의 초기투자 가치는 기업의 과거 실적과 잠재적 수익창출 능력, 기업의 수익이 큰 영향을 미친다. 특히 수익 중에서도 이익을 올리는 자본투자와 관련 있는 수익에 큰 영향을 받는다는 것을 명심하길 바란다.

　예를 들어 주주들에게 분배할 수 있는 기업의 연간 순수익이 $100,000라고 가정해 보자. 기업의 자기자본이 $250,000라면 수익창출 활동으로 발생한 이익은 자본의 40퍼센트라는 뜻이므로 기업은 운영을 잘한 것이다. 그러나 만약 자기자본이 $2,500,000라면 수익창출은 고작 4퍼센트에 불과한 것이고 자본에 비해 매우 형편없는 이익을 냈다고 볼 수 있다. 여기에서 요점은 이익을 얻기 위해 투자한 자본과 실제로 얻은 이익을 비교하는 것이다. 이익을 얻기 위해 투자한 자본을 수익으로 나눈 것이 투자이익률(Return On Investment, ROI)이다. 자본에 투자하는 거의 모든 종류에 적용하는 개념이다.

　소유주가 기업에 투자하는 금액은 대차대조표에서 총자본금에 해당한다. 수익은 최종 순수익에서 주주에게 지급한 배당금을 차감한 것으로, 여기에서 배당금은 기업에서 발행한 우선주 자본금으로 배분해야 한다. 우선주는 순수익의 우선권을 가진다. 예시를 보면 기업은 한 가지 종류의 주식을 발행했다. 기업에는 우선주가 없으며, 모든 순수익은 보통주 소유다. 연간 순수익을 자기자본으로 나눈 것이 자기자본이익률(Return on Equity, ROE)이다. 예시에 나온 기업의 자기자본이익률은 다음처럼 계산한다.

$$\frac{\text{순수익 \$2,642}}{\text{자기자본 \$23,125}} = \text{자기자본이익률 11.4퍼센트}$$

 연말 자본계정은 간단한 자기자본이익률 분석에 사용한다. 대신 한 해 동안의 평균도 사용할 수 있으며 특히 큰 변화가 있다면 더욱 그렇다.

　보통 기준으로 보았을 때 기업의 연간 자기자본이익률 11.4퍼센트는 이해할 수는 있으나 좋은 기록이 아니다. 하지만 모든 것은 상황에 따라 달라지기 마련이다. 자기자본이익률은 기업이 몸담은 산업계 전체의 평균과 투자 부분을 고려해서 비교해야 한다. 또한, 그들이 가진 위험성 역시 고려해야 할 중요한 요소다. 요컨대 기업에 자본을 투자할 경우 어느 정도의 위험을 감수해야 하는지 꼼꼼하게 알아봐야 한다.
　자기자본이익률이 높은지, 보통인지, 나쁜지 결정하기 위해서는 기업의 과거와 장래성을 잘 알아둘 필요가 있다. 그뿐만 아니라 자본기회 비용 역시 반드시 고려해야 할 중요한 요소다. 주주들이 자본을 다른 곳에 사용해서 발생하는 이익을 나타내는 투자이익률이기 때문이다. 다만 소득세 부분은 고려하지 않았다. 자기자본이익률은 그리 간단한 문제가 아니다. 다음은 또 다른 유용한 비율을 계산한 것이다.

$$\frac{\text{이자 및 세전이익 \$4,935}}{\text{총자산 \$35,500}} = \text{총자산 이익률 } 13.9\text{퍼센트}$$

총자산이익률(Return On Assets, ROA)은 자산 $100당 이자 및 세전 이익이 $13.9라는 것을 의미하며 기업이 빌린 돈의 연간 이율과 비교된다. 예시를 보면 기업의 단기 및 장기부채의 연간 이율은 7.5퍼센트다. 총자산 이익률을 계산한 결과 기업은 빌린 돈으로 얻은 이익이 13.9퍼센트라는 것을 알 수 있다. 이 두 개의 수치를 비교해 보면 6.4퍼센트 차이가 난다. 이런 방식으로 수익을 올리는 것을 재무차입 이득이라 한다. 이와는 반대로 기업의 총자산 이익률이 이율보다 낮으면 기업은 재무차입 손실을 보게 된다.

주당순이익(EPS)과 주가(P/E)수익률

미국은 1만여 개에 달하는 국내 기업의 주식을 뉴욕 증권 거래소, 나스닥 등 공공시장에서 거래한다. 이 주식의 가격은 매일 변하고 매 순간 폭발적인 관심을 받고 있다. 주식의 시장가치는 무엇보다도 기업의 순수익에 따라 결정된다. 과거 순수익은 물론 미래의 잠재적인 수익창출 활동도 여기에 포함된다.

예를 들어 시장가치가 $60인 주식이 과연 그만한 가치가 있는지 누군가 물어본다면 당신은 어떻게 대답할 것인가? 아마 당신은 기업의 대차대조표에 기재되어 있는 시장가치와 주당 자기자본을 비교해 볼 것이다. 이것이 자산을 토대로 가격을 매기는 방식인 주당순 자산이다. 기업은 총자산에서 총부채를 뺀 액수와 자본 액수가 같다.

이처럼 자산을 토대로 하거나 장부를 토대로 한 계산법은 역대 증권 분석에서 꽤 괜찮은 방법으로 자리매김해 왔다. 그러나 지금은 차선책으로 밀려난 상황이다. 최선책은 수익을 토대로 하는 계산 방식으로 이 부분의 출발점은 주당이익(순이익)을 계산하는 것이다.

주당순이익

주식 가치와 증권 분석에 가장 널리 사용하는 비율은 주당순이익으로 이렇게 계산한다.

$$\frac{보통주로\ 배당\ 가능한\ 순수익\ \$2{,}642}{현재\ 보통주\ 800{,}000개} = 기본\ 주당순이익\ \$3.30$$

 메모 엄밀히 따지자면 이 공식에서는 한 해 동안의 보통주 발행 주식 수를 이용한다. 기업이 발행할 수도 있는 주식과 일정 기간 남아있는 주식의 개수를 줄인 계정에 포함해야 한다.

첫째, 분자(윗부분)에 있는 비율은 보통주로 배당 가능한 순수익이며 최종 순수익에서 우선주에게 분배한 배당금을 차감한 금액과 같다. 많은 기업이 매년 고정 배당금을 받는 우선주를 발행한다. 보통주에 순수익을 분배할 수 있는지 측정하기 위해서 순수익에서 우선주에 의무적으로 분배하는 연간 배당금을 차감한다(우선주 배당금은 비용으로 간주하지 않는다. 순수익은 주주에게 분배할 배당금을 차감하기 전 금액이다).

둘째, 주당순이익 앞에 있는 기본이라는 단어에 주목하길 바란다. 주당순이익을 계산할 때는 주주 소유로 되어 있는 보통주의 실제 개수를 분모(아랫부분)에 기재한다. 미래에 추가 주식을 발행할 때 시장가치보다 낮은 가격으로 책정하길 바라는 내용으로 많은 기업이 이런 방식으로 계약을 맺는다. 하지만 실제로 아직 이런 주식을 발행한 적은 없었다.

예를 들어 기업은 경영자에게 보상 차원에서 주식옵션을 제공한다. 기업의 주식을 고정가격으로 구매할 기회를 주는 것이다. 만약 주식의 시장가치가 고정된 옵션 가격을 넘으면 경영자는 부여받은 기회를 이용해 주식을 보다 낮은 가격에 구매할 수 있다. 따라서 주식옵션의 개수는 인플레이션의 영향을 받는다. 만약 추가로 주식을 발행하면 주당순이익은 손해를 입는다. 왜냐하면 순수익으로 더 많은 주식을 충당해야 하기 때문이다. 주당순이익 비율에서 분모가 커지므로 주당순이익은 낮아지거나 약해진다. 기본 주당순이익은 주식을 추가로 발행했을 때 실현되는 주식옵션과는 별개로 인식한다. 또한, 기본 주당순이익은 잠재적으로 가치가 희박한 전환사채나 기업이 발행한 전환우선 주식계정에 포함되지 않는다. 이런 증권은 미리 정해진 가격에서 담보권자의 옵션을 통해 보통주식으로 전환할 수 있다.

이쯤 해서 투자자에게 주식옵션과 전환증권의 잠정적 효과를 경고하겠다. 공기업에서 공시하는 두 번째 주당순이익은 희석된 주당순이익이다. 당연히 수치도 더 낮으며 주식옵션, 전환증권, 그리고 다른 조건 아래 추가로 발행한 주식 때문에 희석 효과가 나타난 계정에 포함된다. 이 조건들은 기업이 주식을 추가로 발행할 때 미리 가격을 결정하는 것을 전제로 한다. 기본 주당순이익과 희석된 (해당할 경우) 주당순이익은 공기업 손익계산서에 반드시 명시해야 한다. 주당순이익의 중요성을 말해주기 때문이다. 이와 대조적으로 이번 장에서 나온 다른 비율은 명시할 의무가 없으나 실제로 많은 기업이 사용하는 비율이다.

주가이익비율

공기업의 주식시장가치는 주당순이익과 주가이익비율에 비례한다.

$$\frac{\text{주식의 현재 시장 가격}}{\text{주당순이익}} = \frac{\text{가격}}{\text{이익비율}}$$

한 공기업의 주식이 주당 $40에 거래되고 작년의 기본 주당순이익이 $2라고 가정해 보자(기업은 희석된 주당순이익을 명시하지 않았다). 그러면 주가이익비율은 20이다.

이번 장에서 소개한 다른 비율과 마찬가지로 이 비율 역시 산업계 전체와 시장 전체평균보다 무난한지, 너무 높거나 낮지 않은지 비교해야 한다. 내 기억으로는 주가이익비율 8이 적절한 수치였다. 하지만 이 글을 쓰고 있는 지금 적절한 주가이익비율은 15에서 18로 급등했다.

자, 이제 주가이익비율을 계산해 보자. 지금 우리는 기본 주당순이익을 사용해야 할까, 아니면 희석된 주당순이익으로 계산해야 할까? 만약 기업이 기본 주당순이익만 공시한다면 당연히 아무 문제도 없을 것이다. 그러나 두 가지 모두 공개했을 때 우리는 무엇을 사용해야 할까? 답은 두 개 모두 사용할 수 있다. 가장 유용한 방법은 월스트리트 저널과 뉴욕 타임스에서 주식시장표를 보고 주가이익비율을 명시할 때 어떤 종류의 주당순이익을 사용하고 있는지 확인하는 것이다. 희석된 주당순이익을 사용하는 것은 좀 더 보수적인 방법이다. 이 방법으로 계산한 주가이익비율은 더 높게 나온다.

개인기업의 주식은 공개적으로 거래하거나 매매하지 않기 때문에 시장 가격을 알아낼 방법이 없다. 하지만 기업의 주주라면 당연히 자신이 소유한 주식의 가치를 알고 싶을 것이다. 주식 가치를 산정하기 위해서는 복합적인 주가이익 계산법을 사용한다. 예시에 나온 기업은 작년 주당순이익이 $3.30이다(예시 17-1 참조).

예를 들어 당신이 기업의 주식을 소유하고 있으며 어떤 이가 당신으로부터 주식을 구매하길 원한다면, 당신은 기본 주당순이익의 12배인 $39.60을 원할 수 있다. 물론 그 사람은 구매하지 않을 수도 있고 기본 주당순이익의 15배에서 18배를 지급하고 구매할 수도 있다.

시가총액

공기업의 현재 주식매매 가격이 주당 $65이며 발행주식의 수가 1천만 개라고 가정해 보자. 시가총액, 즉 기업의 총 시장가치는 $650,000,000(주당 시장가치 $65×주식 개수 1천만 = $650,000,000)이다. 장담하건대, 만약 기업의 시가총액과 최근 공시한 대차대조표의 자본액을 비교하면 시가총액이 훨씬 높다는 것을 알 수 있을 것이다.

기업 자본의 장부가치(대차대조표에 명시된 금액)는 지난 세월 동안 기업 소유주가 투자한 금액과 이익잉여금을 기록한 금액이다. 이와는 반대로 만약 기업이 재정적으로 궁핍한 상태면 시가총액이 자본의 장부가치보다 당분간은 낮게 나올 수도 있다.

마지막 논평

여러 가지 비율은 재무제표의 자료를 바탕으로 계산한다. 예를 들어 자산회전률(연간 매출액을 총자산으로 나눈 것)과 배당수익률(주당 배당금을 주당 시장가치로 나눈 것)은 증권 분석에서 자주 볼 수 있는 비율이다. 계산이 가능한 비율은 끝이 없다. 하지만 해석적인 가치의 비율에 중점을 두는 것이 함정이다. 물론 가장 중요한 비율이 무엇인지 밝히기는 쉽지 않다.

전문 투자자는 지나치게 많은 비율을 사용한다는 것이 내 생각이다. 그러나 수많은 비율 중 어떤 비율이 주식시장가치의 미래의 단서가 될지 아무도 알 수 없다.

회사 경영자에게 유용한 수익 분석

PROFIT ANALYSIS FOR BUSINESS MANAGERS

 관리회계란
무엇인가?

　우연히 이번 장부터 읽기 시작한 이가 아닌 이상, 앞에서 어떤 내용을 살펴봤는지 잘 알고 있을 것이다. 우리는 지금까지 기업에서 발표한 외부용 재무제표를 살펴보았다. 이렇게 외부에 발표할 재무제표를 준비하는 것은 회계의 가장 중요한 기능 중 하나지만 그렇다고 전부는 아니다. 모든 기업은 반드시 회계제도를 도입해야 한다. 회계제도란 기업이 잘 운영되도록 유지하고 휴업이나 파업이 발생하는 것을 막는 모든 형태, 절차, 기록, 보고, 컴퓨터의 하드웨어와 소프트웨어, 직원 등을 포함하는 말이다. 모든 회계제도는 오류와 잠재적 부정을 발견하고 막기 위한 강력한 내부통제가 필요하다. 어떤 사업에서나 부정을 비롯한 각종 사기 행각은 사업의 재앙이기 때문이다.

모든 기업은 반드시 제때 소득세, 재산세, 판매세, 인두세 등 각종 소득신고를 해야 한다. 회계사는 기업의 조세 업무를 책임진다. 세법은 회계용어로 되어 있어서 세금 업무는 전문가인 그들이 전적으로 맡고 있다.

회계제도의 설계, 세법에 적용하는 것, 그리고 외부 재무보고를 준비하는 것은 모든 사업의 기반이 되는 회계 분야다. 게다가 회계부서 직원에게는 또 하나 중요한 업무가 있다. 그것은 바로 회계와 관련된 결정을 내리고, 계획하고, 통제하기 위한 정보를 경영자에게 제공하는 것이다. 이 네 번째 회계기능을 경영회계, 혹은 관리회계라고 한다. 관리회계는 내부적 기능으로써 경영자가 옳은 결정을 내리고 경영계획이나 예산을 짜고 통제기능을 구축하도록 도와준다. 간단히 말하면 관리회계의 목적은 경영자가 임무를 원활히 완수하도록 하는 것이다. 관리회계는 무엇보다도 경영자에게 유용한 정보를 제공하고 정보를 가장 효과적인 방법으로 사용할 수 있도록 돕는다.

경영자에게 내부회계를 보고하는 방식 결정은 기업의 본질과 구성에 따라 다르다. 만약 어떤 기업이 판매 분야에 속한다고 가정해보자. 이 경우 회계보고는 각 판매 분야별로 구분해야 한다. 각 판매 분야를 주요 상품에 따라 나누고 이에 따른 회계보고도 각 상품의 종류에 따라 나눈다. 관리회계는 기업 조직구조에 맞춰 달라진다. 외부용 재무제표는 말 그대로 기업 외부경영과는 관련 없는 투자자, 그 밖의 대출기관에 발표할 목적으로 설계한다. 따라서 외부용 회계보고에는 경영자에게 필요한 모든 재무정보를 포함하지 않는다. 하지만 경영자는 그 내용을 마치 손바닥 들여다보듯 훤히 알고 있어야 한다. 어쨌든 경영자 외의 사람이 외부용 재무제표를 온전히 이해하려면 회계보고가 추가로 제공하는 정보가 필요하지만 기업 기밀이라서 외부에 유출하지 않는다.

회계사는 경영자를 위한 내부용 손익계산서(수익보고서)에 비용에 관한 자세한 정보를 담는다. 경영자에게 자세한 비용관리 정보는 반드시 필요하다. 또한, 경영자는 상품판매가격과 판매량에 따라 비용이 어떻게 작용하는지 알아야 한다. 수익창출의 책임이 있는 경영자라면 판매가격과 판매량이 어떻게 수익창출 활동에 영향을 끼치는지 노련하게 분석할 수 있어야 한다. 이것은 매우 유용한 충고지만 사실상 회계사는 경영자에게 수익 보고를 할 때 이런 식으로 비용을 구분하지 않는다. 왜냐하면 이렇게 일하면 업무가 너무 많아지기 때문이다. 혹은 경영자가 비용을 따로 구분한 정보를 요청하지 않을 때도 많다. 나는 이들이 기회를 놓치고 있다고 생각한다.

비용이 어떻게 작용하는지 아는 것이 얼마나 중요한가를 강조하기 위해 질문을 하나 하겠다. 만약 내년에도 비즈니스의 모든 요소가 지금과 같지만 단 한 가지만 다르다고 하자. 상품 판매가격이 전반적으로 5퍼센트 증가한 경우와 상품 판매량이 5퍼센트 증가한 경우, 어떤 경우가 더 많은 수익을 낼 수 있을까? 회사 경영자로서 당신은 단 하나만 선택할 수 있다. 가격 상승과 판매량 상승, 둘 중에 무엇을 택할 것인가? 이에 관한 명확한 답을 설명하겠다.

경고
한 마디
이번 장은 예산이나 표준원가, 경영관리 보고, 비용부담 방식 등 관리회계에 관해서 절대 광범위하게 다루지 않는다는 점을 먼저 확실히 하겠다. 나의 목적은 경영자를 위한 내부용 수익보고서에서 비용을 어떻게 구분해야 하는지 설명하는 것이다. 의사결정 분석에 유용한 회계 보고서를 만들기 위해서다. 따라서 이번 장에서 설명하는 부분은 모든 회사 경영자에게 매우 유용하리라고 믿는다.

수익보고서
영업비용의 분류

아래 예시 18-1은 예시 2-2와 같은 재무제표이며 참고하기 쉽게 다시 적었다. 아래 손익계산서는 앞에서 계속 예로 든 기업의 재무제표로 외부에 발표할 때 사용한다.

예시 18-1 외부용 손익계산서(연간)(단위: 천 달러)

매출액	$ 52,000
매출원가	(33,800)
매상 총이익	$ 18,200
판매관리비	(12,480)
감가상각비	(785)
이자 및 세전 이익	$ 4,935
이자비용	(545)
세전 이익	$ 4,390
소득세 비용	(1,748)
순이익	$ 2,642

예시 18-1은 외부용 손익계산서의 전형적인 형태다. 회사의 외부투자자나 대출기관에 손익계산서를 발표하는 형태로 아무 문제가 없다. 하지만 여러분도 알다시피 외부용 손익계산서는 요약을 매우 많이 하여 간추린 정보만 싣고 있다. 아마 지금쯤 회사를 관리하는 경영자라면 이보다 훨씬 더 자세한 정보가 필요하지 않을까 하는 생각이 들 것이다. 그렇다, 당신의 생각이 옳다. 자고로 경영자는 운영하는 기업을 관리하기 위해서 수많은 정보를 파악하고 있어야 한다. 또한, 이와 관계있는 기준점을 개발하여 '관리 기준점'에 주목해야 한다. 예를 들면 경영자는 기업의 총 직원 수와 직원 당 매출액을 정확히 파악해야 한다. 특히 생산력을 측정하는 것은 제품 생산에 매우 중요한 요소다. 소매업자라면 고객이나 직원 때문에 발생한 도난이나 피해로 입은 손실을 파악하기 위해 재고 감소량을 정확히 계산해야 한다.

효과적인 관리와 이를 위해 경영자에게 필요한 정보에 관한 글을 쓰려면 책 한 권도 거뜬히 나올 것이다. 또한, 기업의 이익중심점과 원가중심점에 따른 매출액과 비용을 분류하는 자세한 방법에 관해서도 할 말이 많다. 이익 중심점은 매출액이나 비용의 출처와는 아주 다르다. 예를 들어 차를 판매하는 사람에게 이익 중심점의 첫째는 새 차와 트럭을 판매하는 것이고 둘째는 중고차를 판매하는 것이며 셋째는 서비스 부서다. 원가중심점은 조직적인 단위로 회계유지부처럼 매출액을 산출하지 않는다.

이 책은 관리회계를 중심으로 설명하는 책이 아니므로 회계와 관련된 모든 분야를 다루지 않는다. 하지만 확실히 짚고 넘어갈 부분은 외부용 손익계산서에 나타나는 영업비용에 관한 정보가 경영자에게 전달하는 내부용 수익보고서의 요건을 만족하지 않는다는 점이다. 단지 경영자가 영업비용의 자세한 정보가 필요하다는 이야기가 아니다. 더 정확히 말하면 강조하고 싶은 것은 비용이 매출액이나 판매량과 어떤 관계가 있는지 어떻게 영향을 미치는지에 따라 영업비용을 구분해야 한다는 것이다.

예시 18-2 연간 경영 수익보고서(단위: 천 달러)

매출액	$ 52,000
매출원가	(33,800)
매상 총이익	$ 18,200
매출액 세부비용	(4,420)
판매량 세부비용	(3,120)
고정비용 전 매상 이익	$ 10,660
고정 판매 및 영업비용	(4,940)
고정 감가상각비	(785)
이자 및 세전 이익	$ 4,935
이자비용	(545)
세전 이익	$ 4,390
소득세 비용	(1,748)
순이익	$ 2,642

상품이 팔렸을 때 매출액에서 매출원가 비용을 즉시 차감하는 것은 매상 총이익 결정에 매우 유용하다. 기업은 다른 비용들을 대체하기 위해 반드시 매상 총이익을 일정 금액 이상 거둬야 한다.

이렇게 만족할만한 최종결산 결과 수익을 얻어야 판매를 통해 합당한 매상 총이익을 얻을 기점을 마련할 수 있다. 의심할 여지가 없다. 더 나아가 경영자에게 이자비용과 소득세는 별도의 비용 계정으로 보고해야 앞뒤가 맞는다. 이 부분은 영업비용을 어떻게 내부용 수익보고서에 기록해야 하는지 답해준다.

예시 18-2는 한 해 동안의 관리 수익보고서며 예시 18-1의 외부용 손익계산서에 나타난 '판매 및 일반관리비'를 기업의 영업비용으로 재구분한 것이다. 예시 18-2의 관리 수익보고서에서 구분하는 3가지 비용은 다음과 같다.

1. **매출액 세부비용 :** 총매출액에 큰 영향을 받는 영업비용이다. 대표적인 예는 특정 판매의 수수료와 소매업자가 신용카드로 결제한 것의 할인이다.
2. **판매량 세부비용 :** 총판매량, 혹은 판매한 상품이나 서비스 개수에 따라 영향을 받는 영업비용이다. 포장비용과 운송비용이 대표적이다.
3. **고정판매 및 영업비용 :** 짧은 기한 내에 액수가 변하지 않는 고정비용이다. 고정영업비용의 대표적인 예로는 직원의 고정월급, 건물임대료, 장비임대료, 재산세 등이 있다. 이 비용은 어느 기간이 지나면 감소하기도 하지만 짧은 기간은 거의 고정되어 있다.

9장에서 설명했던 것처럼 감가상각비는 특별한 비용이다. 예시 18-2에서 감가상각비는 별도로 표기하고 있다. 회계사는 감가상각비를 기간마다 고정적으로 분배하며 이것이 고정비용이다. 영업비용의 분류는 각 경비가 무슨 비용에 속하는지 구분할 수 있는 능력을 요구하는 작업이다. 이런 식으로 영업비용을 분류한 후 부기에 경비를 덧붙여 각 영업비용의 총 금액을 결정하여 내부용 수익보고서에 기록한다.

같은 비율로 변할 때 판매가격과 판매량 비교

이번에는 회사 경영자가 수익보고서를 어떻게 이용할 수 있는지 설명할 것이다. 하고 싶은 말을 모두 하기에는 제한이 있으므로 예시 18-2처럼 간단히 설명하겠다. 경영자는 일반적으로 변화에 초점을 둔다. 경험 있는 경영자라면 비즈니스의 다양한 요소들이 수익 변화에 영향을 미친다는 것을 인정한다. 수익은 계속해서 변한다. 요컨대 경영자는 수익창출 활동에 영향을 주는 모든 변화에 대처해야만 한다. 예를 들어 내년에 운송비가 오르면 판매량 세부비용도 증가할 것이다. 가령 재산세가 오를 수도 있으며 고정영업비용이 증가할 수도 있다. 혹은 판매 임원이 타당한 이유로 내년 홍보 예산을 올리는 때도 있다. 경영자는 이 모든 변화에 대응해야 하며 그저 자리에 앉아 빈둥거리며 마냥 지켜보면 안 된다.

간부층 경영자는 수익창출 활동을 향상할 수 있는 현실적인 계획을 짤 의무가 있다. 기업 수익의 평형을 이루기 위한 변화를 꾀해야 한다. 그렇다면 변화란 무엇을 의미할까? 핵심을 찌르는 질문

판매가격을 5퍼센트 올렸을 때				
	원래 금액	도입된 경우	변화	
			금액	퍼센트
매출액	$ 52,000	$ 54,600	$ 2,600	5.0%
매출원가	(33,800)	(33,800)		
매상 총이익	$ 18,200	$ 20,800	$ 2,600	14.3%
매출액 세부비용	(4,420)	(4,641)	(221)	5.0%
판매량 세부비용	(3,120)	(3,120)		
고정비용 전 매상 이익	$ 10,660	$ 13,039	$ 2,379	22.3%
고정 판매 및 영업비용	(4,940)	(4,940)		
고정 감가상각비	(785)	(785)		
이자 및 세전 이익	$ 4,935	$ 7,314	$ 2,379	48.2%

판매가격을 낮추었을 때				
	원래 금액	도입된 경우	변화	
			금액	퍼센트
매출액	$ 52,000	$ 46,607	$ (5,393)	−10.4%
매출원가	(33,800)	(33,800)		
매상 총이익	$ 18,200	$ 12,807	$ (5,393)	−29.6%
매출액 세부비용	(4,420)	(3,962)	458	−10.4%
판매량 세부비용	(3,120)	(3,120)		
고정비용 전 매상 이익	$ 10,660	$ 5,725	$ (4,935)	− 46.3%
고정 판매 및 영업비용	(4,940)	(4,940)		
고정 감가상각비	(785)	(785)		
이자 및 세전 이익	$ 4,935	$ 0	$ (4,935)	−100.0%

예시 18-3 판매가격을 5퍼센트 올렸을 때와 판매량을 5퍼센트 늘렸을 때 비교(단위: 천 달러)

| | 판매량을 5퍼센트 늘렸을 때 | | | |
| | 원래 금액 | 도입된 경우 | 변화 | |
			금액	퍼센트
매출액	$ 52,000	$ 54,600	$ 2,600	5.0%
매출원가	(33,800)	(35,490)	(1,690)	5.0%
매상 총이익	$ 18,200	$ 19,110	$ 910	5.0%
매출액 세부비용	(4,420)	(4,641)	(221)	5.0%
판매량 세부비용	(3,120)	(3,276)	(156)	5.0%
고정비용 전 매상 이익	$ 10,660	$ 11,193	$ 533	5.0%
고정 판매 및 영업비용	(4,940)	(4,940)		
고정 감가상각비	(785)	(785)		
이자 및 세전 이익	$ 4,935	$ 5,468	$ 533	10.8%

예시 18-4 낮은 가격과 낮은 판매량의 손익분기점(단위: 천 달러)

| | 판매량을 낮추었을 때 | | | |
| | 원래 금액 | 도입된 경우 | 변화 | |
			금액	퍼센트
매출액	$ 52,000	$ 27,929	$ (24,071)	−46.3%
매출원가	(33,800)	(18,154)	15,646	−46.3%
매상 총이익	$ 18,200	$ 9,775	$ (8,425)	−46.3%
매출액 세부비용	(4,420)	(2,374)	2,046	−46.3%
판매량 세부비용	(3,120)	(1,676)	1,444	−46.3%
고정비용 전 매상 이익	$ 10,660	$ 5,725	$ (4,935)	−46.3%
고정 판매 및 영업비용	(4,940)	(4,940)		
고정 감가상각비	(785)	(785)		
이자 및 세전 이익	$ 4,935	$ 0	$ (4,935)	−100.0%

이다. 만약 어떤 기업 사장이 내년 최종결산 결과를 10퍼센트 증가시킬 수 있는 계획안을 원한다고 가정해 보자. 그렇다면 구체적으로 어떻게 해야 이 목표를 달성할 수 있을까? 논리적으로 보았을 때, 우리는 판매가격과 판매량부터 시작해야 한다.

회사 경영자는 판매가격이 오르거나 내렸을 때, 그리고 판매량이 증가하거나 감소했을 때 어떤 변화가 생기는지 명확하게 꿰뚫고 있어야 한다. 예시 18-3은 판매가격을 5퍼센트 올렸을 때와 판매량이 5퍼센트 증가했을 때 사업에 미치는 영향을 비교한 것이다. 판매가격은 판매가격에만 변화가 있을 뿐 수익에 관련된 요소는 변하지 않고 그대로다. 판매량은 역시 팔린 상품 개수에만 변화가 있을 뿐 다른 부분은 변화가 없다. 이 비교에서 이자 및 소득세 지급 이전의 수익(EBIT) 부분을 잠시 살펴보자. 일반적으로 이자는 매출액 증가 감소 여부에 비례해서 변하기 마련이고 소득세는 소득세 전 이익에 따라 변한다. 누구나 알고 있는 상식이다.

예시 18-3을 살펴보기 전에, 먼저 어느 쪽이 더 유리한지 한번 자문해 보자. 만약 당신이 판매 임원이라면 판매량이 증가하는 쪽을 택할지도 모른다. 이것이 기업의 시장점유율을 증가시킬 수 있기 때문이다. 물론 시장점유율은 자세히 고려해야 할 중요한 요소이며 나 역시 절대 무시할 수 없다. 그러나 판매량과 판매가격을 비교해 보면 판매가격을 5퍼센트 올리는 편이 훨씬 더 높은 수익을 창출한다는 것을 알 수 있다. 모든 상품의 가격을 5퍼센트 올리면 고정비용 전 22.3퍼센트(예시 18-3 참조)의 매상 총이익이 증가한다. 반면 판매량이 5퍼센트 늘어나면 고정비용을 제하기 전 매상 총이익이 5퍼센트 증가한다. 판매량이 5퍼센트 증가할 때 모든 비용이 5퍼센트 증가하기 때문이다. 그러나 판매가격을 5퍼센트 올리면 단 한 가지 비용만 증가한다.

이 시점에서 우리는 고정된 판매 및 영업비용과 고정 감가상각비를 고려해야 한다. 더 높은 판매가격은 고정비용을 변화시키지 않는다. 그러나 기업이 할 수 있는 모든 것을 다 했고 더 많은 판매량을 위해 공간, 장비, 직원최종재무제표본문1을 늘려야 할 때는 고정비용 일부를 증가시킬 수 있다. 예시 18-3을 보면 기업은 고정비용의 증가 없이 판매량이 5퍼센트 증가한 것을 확인할 수 있다.

현실적으로 판매량을 5퍼센트 늘리는 것이 판매가격을 5퍼센트 올리는 것보다 더 도움이 될지도 모른다. 판매가격을 올리면 고객으로서는 구매를 망설일 수 있기 때문이다. 바로 이런 이유로 상품 가격 결정은 경영자가 가장 어려워하는 업무 중 하나다. 실제로 가격 인상에 대한 고객의 민감한 반응은 좀처럼 무시할 수 없는 부분이다. 회사 경영자라면 어떤 상황에 부닥치더라도 작은 가격 변동이 매상 총이익에 타격을 입힌다는 사실을 항상 염두에 둬야 한다.

예시 18-3에서 보여주는 관리 수익보고서 형태는 분석하거나 예산을 세울 때, 혹은 수익창출을 계획할 때의 본보기라 할 수 있다. 예를 들어 기업이 내년에 판매량을 10퍼센트 올리면서 전반적으로 상품가격을 5퍼센트 올린다고 가정해 보자. 우리는 기업이 실제로 내년에 이런 변화를 꾀했을 때 수익에 어떤 변화를 가져올지 (이자 및 세전이익) 쉽게 알 수 있다. 더 낮은 판매가격과 판매량에서 손익분기점을 결정하려면 예시 18-2와 같은 관리 수익보고서를 이용하면 된다. 예시 18-4를 보면 판매가격을 10.4퍼센트 낮춘 것이 기업의 EBIT를 초토화했다는 것을 알 수 있다. 이와는 대조적으로 기업의 EBIT를 손익분기점으로 돌려놓기 위해 판매량은 46.3퍼센트 감소시켰다(이 두 개의 손익분기점을 찾기 위해 액셀 스프레드시트를 사용해 판매가격과 판매량을 감소시켰다).

예시 18-4를 보면 판매가격을 결정할 때는 매우 신중해야 한다. 특히 판매가격을 10퍼센트 떨어뜨려도 판매량이 여전하다면 기업은 손익분기점에 매우 근접할 것이다. 그러나 기업의 판매 부장은 판매량을 늘리기 위해 판매가격을 낮추기로 한 듯하다. 가격을 낮추려면, 먼저 예시 18-2 같은 수익보고서 본보기를 참조하고 수익이 증가하는지 지켜보기를 권하는 바이다.

3부

재무보고의 신빙성

RELIABILITY OF FINANCIAL REPORTS

회계와 재무회계 기준
ACCOUNTING AND FINANCIAL REPORTING SRANDARDS

 재무보고의
중요성

기업에 절대적으로 필요한 정보를 담은 재무보고에는 수백만 명의 사람을 좌우하는 힘이 있다. 실제로 재무보고를 이용하는 광범위한 신도에는 다양한 부류의 사람이 있다. 기업에 대출 여부를 결정하는 은행, 공기업의 주식이나 채무증서 매입, 보관, 매각을 결정하는 투자자, 기업의 매입이나 매각을 고민하는 개인사업자, 기업이 어떻게 운영되고 있는지 평가하는 사장, 기업에 외상판매를 할지 고민하는 공급업체, 신탁임무(다른 사람의 돈을 관리할 책임을 지는 것)를 갖는 경영자, 이 모든 사람이 여기에 포함된다.

무엇보다 회사 경영자를 잊지 말아야 한다. 경영자는 회계정보와 재무제표를 가장 먼저, 가장 많이 접하는 사람으로 수익(혹은 손실) 성과를 기록하기 위해 회계보고서가 반드시 필요하다. 또한, 관리하고 있는 재정상태와 상환 시 발생할 수 있는 문제점 파악을 위해 대차대조표와 현금흐름 정보를 파악해야 한다. 재무제표 없이 사업상 발생하는 재정 관련 문제를 관리하는 것은 불가능하다.

재무제표와 이에 수반된 공표에 우리에게 필요한 정보가 있어야 하는 것은 두말할 필요도 없다. 각각 다른 사람이 다른 정보에 초점을 맞추고 있겠지만, 일반적으로 재무제표를 볼 때 꼭 확인하는 것으로 다음의 네 가지가 있다.

1. 기업의 수입과 이익(혹은 손실) 실적.
2. 재정상태에 포함되는 자산과 부채, 특히 기업의 상환능력(기업의 채무를 제때 맞춰 갚을 수 있고 재정적으로 곤란에 빠지지 않는 능력) 전망.
3. 기업의 자본구조(기업이 발행한 주식을 소유한 하나, 혹은 그 이상의 그룹), 기업의 부채가 자본으로 전환 가능한지 아닌지 경영자에게 부여된 주식 선택권 개수, 직접 혹은 간접적으로 기업이 낸 이익에 관여하는 그룹.
4. 일정 기간의 수익창출 활동에 관한 현금흐름, 수익에서 주주에게 분배하는 현금, 그 밖의 다른 현금흐름과 사용.

위의 네 가지는 투자자나 대출기관이 기업의 재무제표와 주석을 볼 때 주의 깊게 보는 가장 핵심적인 정보다.

이번 장에서는 기업 재무보고에서 사용하는 회계체계와 공표를 통제하는 규칙을 살펴볼 것이다. 영리를 목적으로 하는 기업은 반드시 이 규칙을 이행해야 한다(비영리 목적의 단체나 공공기관은 별도의 회계 및 재무보고 기준이 있다).

　만약 모든 기업이 각각 다른 회계방식을 만들어 사용한다고 상상해 보자. 각자 회계 용어와 재무제표 구성방식을 고안하고, 정보의 추가나 삭제를 결정하면 어떻게 될까? 투자자, 채권자, 혹은 재무보고를 참조하는 많은 사람이 합리적으로 규격화되고 일관된 재무제표를 원한다. 미국에서는 이 기준을 일반적으로 인정된 회계원칙이라고 하며 여기에는 회계구성방식과 공표 시의 규칙을 포함하고 있다.

　지난 35년간 미국 재정보고서에 가장 큰 힘을 발휘한 기준은 재무회계기준위원회다. 굉장히 까다로운(그리고 값이 비싼) 이 규정은 재무보고와 회계규정에서 가장 중요하고 강력한 권력을 갖고 있다. 재무회계기준위원회는 회계나 경영에 몸담은 사람들이 지원하는 돈으로 운영하며 정부의 지원을 받지 않는 사립자금단체다. 20세기 초에 만연했던 재무보고 남용과 공공연히 이루어지던 부정 때문에 의회에서는 증권발행 및 거래, 공기업 재무보고의 중요성에 관한 법안을 통과시켰다.

　증권거래위원회는 1934년에 설립되었으며 미국의 공기업 재무보고에 광범위한 사법권을 갖고 있다. 증권거래위원회는 지난 몇 년간 대체로 재무회계기준위원회가 법령을 이행하지 않았을 때, 혹은 결정을 내리지 못하는 경우 중재 역할을 해 왔다. 그러나 재무보고 및 회계기준에 관한 지배권은 대체로 재무회계기준위원회(그리고 이의 전임자)가 갖고 있다.

　전체적으로 볼 때, 많은 사람이 미국의 재무보고 시스템의 효과를 인정하고 있으며 일반회계기준이 재무보고의 목적과 기능에 충분하다고 믿는다. 그러나 지난 몇 년간 이에 대한 비판과 불평의 목소리도 끊임없이 계속되어 왔는데 어쩌면 재무제표를 사용하는 사람들의 기대치가 지나치게 높고 현실을 완전히 직시하지 못하기 때문일지도 모른다.

실제로 재무회계기준을 빠른 속도로 변하고 있는 비즈니스와 경제 환경에 맞추는 것은 매우 힘든 일이다. 하지만 그동안의 일을 돌이켜 생각해보면 한 가지는 분명하다. 바로 회계에 몸담은 미국인이 우월주의자가 되었다는 것이다. 최근까지도 미국의 회계사는 미국의 재무보고 및 회계기준이 세계 최고라는 태도를 보였다. 이 부분에서 우리가 다소 독선적인 성향을 띠게 된 것은 사실이다. 전 세계 중 어디에선가 미국의 재무보고 및 회계기준을 따라잡을 나라가 있을 거로 생각한다. 실제로 경제 발전에 힘입어 설립된 유럽연합(EU)은 다른 나라들이 미국의 재무보고 및 회계기준을 마냥 따르지만은 않을 것이라고 명백한 경고를 하기도 했다.

 국제재무보고 및
회계기준으로의 지향

최근 전 세계적으로 회계분야에서 국제재무보고 및 회계기준을 굉장히 빠른 속도로 받아들이고 있다. 불과 몇 년 전만 해도 나라마다 고유의 회계법을 갖고 있거나 아예 없는 경우가 많았다. 그런데 2001년 국제회계기준위원회(International Accounting Standards Board, IASB)가 각국에 적용할 회계법칙을 제정하기 위해 설립되었다.

이들이 유럽연합 소속 국가에 가장 먼저 요구한 것은 기업이 권위적인 재무보고 및 회계기준을 포함하는 중심을 세우라는 것이었다. 국제회계기준위원회는 많은 지원을 받으며 빠른 속도로 성장했고 현재 미국의 재무회계기준위원회와 동등한 위치까지 올랐다. 특히 재무보고와 회계기준에 관한 권위적인 발표를 많이 했는데 이것이 국제회계기준(International Financial Reporting Standards, IFRS)이다.

2008년 6월 미국공인회계사 회원들은 〈CPA Letter〉 소식지에 약 100여 개국에서 12,000개 이상의 공기업이 국제회계기준을 채택한다고 언급한 바 있다. 한편, 미국의 10,000개 이상의 공기업은 일반적으로 인정된 회계원칙을 따르고 있다(미국의 개인기업 역시 일반적으로 인정된 회계원칙을 사용한다. 개인기업은 다음 장에서 설명할 것이다).

따라서 지금 시점(2008년)에서는 미국의 일반적으로 인정된 회계원칙과 미국이 아닌 다른 나라의 국제회계기준 두 가지가 있다. 기업, 정부, 회계전문가는 이 두 가지 사이의 치열한 경쟁이 일으킬 수 있는 각종 문제점을 알아야 한다. 또한, 두 가지 기준에 모두 찬성할 수는 없으므로 이 두 가지 기준을 하나로 통합한 조직, '조화'를 설립했다.

일반적으로 인정된 회계원칙과 국제회계기준 사이에는 포괄적인 합의가 생겼지만, 아직(이 책이 출간되는 시점) 합의되지 않은 큰 문제가 남아있다. 어쨌든 대부분 사람은 국제 재무보고 및 회계기준이 하나로 통합돼야 한다고 생각한다. 최근 미국 공인회계사들은 5년 이내에 통합이 실현될 것이라고 말하기도 했다.

따라서 미국에서 오랫동안 사용한 회계기준 일부는 국제회계기준에 맞춰 폐기하거나 수정해야 한다. 예를 들어 국제회계기준은 매출원가 비용과 재고비용을 산출할 때 후입선출법(LIFO)을 사용하는 것을 금지한다. 그럼에도 우리는 결국 일반적으로 인정된 회계원칙과 크게 다르지 않은 기준을 따르고 있다. 국제회계기준을 제외한 선에서 일반적으로 인정된 회계원칙에서 크게 벗어나지 않는 기준을 따르고 있다.

여기서 한 가지 분명한 사실은 많은 사람이 재무보고 및 회계기준을 설립할 때 자립적인 부분이 남아있어야 하며 정부의 통제 속에서 벗어나는 기준을 제정해야 한다고 생각한다. 이런 여론 속에서 증권거래위원회와 이에 상응하는 다른 나라의 단체가 어떻게 국제기준을 발전시킬지 지켜보는 것은 매우 흥미롭다. 어찌됐든 국제기준 제정에서 증권거래위원회의 주도권은 매우 강력하다. 이들은 공기업이 국제기준을 이행하는 데 필요한 기준을 확고하게 규정했다.

옥에 티

재무회계기준위원회와 국제회계기준위원회 사이에서 논쟁의 소지가 있는 이슈 하나를 국제재무보고 및 회계기준에 맞춰 타협했다. 국제회계기준위원회는 원칙주의를 선호하지만 재무회계기준위원회는 규칙주의를 선호한다. 원칙주의는 철학적 관념을 기반으로하고, 규칙주의는 실용적인 관념을 기본으로 한다. 국제회계기준위원회의 원칙주의는 세부적인 부분까지 기준을 세우지 않으며 회계사가 어느 정도의 범위 안에서 자유롭게 기준을 실천하는 것을 허락한다.

원칙주의의 요지는 회계사가 현실적인 면을 고려했을 때 발생할수 있는 변수의 원인이 되는 많은 요소를 재무보고 및 회계원칙에맞추도록 하는 것이다. 발생 가능한 모든 상황을 예측해서 기준에맞추는 것이 불가능하다는 발상을 전제로 한다. 또한, 법의 정신을준수하는 동시에 회계사가 맡은 바 임무를 충실히 하는 것이 목적이다.

이와 극명한 차이를 보이는 재무회계기준위원회의 규칙주의는제정한 기준이 매우 세부적이며 회계사는 모든 법 조항을 세세히적용한다. 규칙주의의 목적은 제정한 회계기준의 해석 범위를 세세하게 좁혀서 가능한 모든 상황에 맞춰 기준을 적용하는 것이다. 재무회계기준위원회가 선호하는 규칙주의의 치명적인 문제는 그동안 제정한 권위적인 기준들이 지나치게 복잡하고 많은 내용을 담고 있을 뿐 아니라 일관성이 없다는 것이다.

1973년 처음 기준을 제정한 이후로 재무회계기준위원회는 160개 이상의 기준을 공식적으로 발표했다. 하나당 평균 20개의 문단으로 구성된 기준을 그동안 수천 장에 달하는 양으로 발표했으며 회계사는 이 많은 양을 거듭 숙지해야만 했다(감수자 주 : 저자가 이 책을 썼던 시점보다 지금은 그 양이 더 많아졌다). 재무회계기준위원회와 증권거래위원회, 그리고 일반적으로 인정된 회계원칙의 2차 자료 및 공식 발표된 내용을 포함하면 지금까지 총 5,000장이 넘는 문서를 공표했다.

최근 재무회계기준위원회는 이 문제를 직시하고 일반적으로 인정된 회계원칙을 체계화해서 모든 내용을 요약하는 과정을 거치고 있다. 회계사와 관련 교육과정에 더 나은 회계 지침서를 제공하기 위해서 머지않아 완성된 결과를 공개할 예정이다. 작가로서, 일목요연하게 분류된 재무보고 및 회계원칙이 나온다는 사실이 반갑다.

개인 회사에 별도 기준이 필요할까?

지난 수년 동안 많은 회계사는 재무회계기준위원회가 발표한 공식 문서가 주로 규모가 큰 기업, 즉 정부의 통제 아래 공공시장에서 주식이나 채무증서를 거래하는 기업을 중심으로 운영되었다는 것을 실감했다. 문제는 재무회계기준위원회의 기준이 지나치게 번

거룹고 개인기업과는 거의 상관없다는 것이다.

최근 재무회계기준위원회와 미국 회계사는 이 문제를 살피고 재무회계기준위원회에 권고하기 위해 개인기업 재무보고를 위한 자문위원회를 설립했다. 지난 몇 년간 재무회계기준위원회가 발행한 여러 일반적으로 인정된 회계원칙 공표에는 딱히 개인기업에 해당하는 부분이 없어서 거의 영향을 끼치지 않았다.

예를 들어 재정상의 파생물 기준과 경영진의 주식옵션은 작은 규모의 기업에는 거의 적용되지 않는다. 혹은 기업의 다양한 사업의 복합적인 기준과 퇴직 계획 또한 소규모기업에는 적용되지 않는다. 그러나 재무보고에 관한 재무회계기준위원회의 특정한 공표에는 공기업과 개인기업 모두에 적용한다고 적혀 있다. 그렇다면 과연 재무회계기준위원회의 이런 공표 요구사항을 실제로 소규모기업에도 적용했을까?

이 글을 쓰고 있는 지금, 소규모기업 자문위원회는 순조로운 시작을 했다. 솔직히 말해 나는 이 위원회에 무엇을 기대할 수 있는지 잘 모르겠다. 어쩌면 개인기업은 재무보고 기준의 예외적인 부분을 밀어붙이는 대신 홀로 자립하는 길을 택할지도 모른다. 거의 모든 회계사가 이 부분을 인정하지 않겠지만 작은 규모의 개인사업체는 공식적인 재무보고 및 회계기준을 준수하지 않는 것이 사실이다.

지금 나는 소규모기업이 일반적으로 인정된 회계원칙을 어기거나 열악한 재무보고를 지키지 않는다고 말하는 것이 아니다. 단지 일반적으로 인정된 회계원칙을 이행할 때 소규모기업은 좀 더 대충 이행하거나 혹은 아예 지키지 않는 쪽을 선호한다. 공기업과 개인기업은 매출액과 비용, 자산과 부채를 측정하는 기본적인 회계 방식이 다르다. 이 차이점은 이들이 연간 재무보고를 공표할 때 확연히 드러난다. 공기업은 연간 재무보고에 있는 재무제표 주석에 훨씬 더 자세한 정보를 싣는다. 이에 반해 대부분 개인기업은 연간 재무보고를 할 때 대출기관과 주주에게 필요한 정보를 자발적으로 싣지 않는다.

주식옵션

이미 여러분도 알고 있겠지만, 많은 공기업이 고위 경영진 간부에게 주식옵션을 허락한다. 예를 들어 어떤 기업이 실제 주식시장에서 활발한 거래가 있는 주식 1억 개를 발행했다고 가정해 보자. 그 후 몇 년 동안 고위 간부들은 주식옵션을 발행할 때의 시장가격과 같은 금액으로 주식을 구매할 수 있다. 만약 모든 주식이 이행되었다면 기업은 5백만 개 주식을 추가로 발행해야만 한다(간부들이 주식구매 옵션 권한을 이행하려면 먼저 몇 가지 조건을 충족시켜야 한다). 경영진의 주식옵션 이행에는 다음 3가지 기본 회계 및 재무보고 조건이 발생한다.

1. 경영진의 주식옵션과 관련된 세부사항이 공표되었는가? 기업의 주주와

재무보고를 받는 모든 이에게 주식옵션을 충분히 통지했는가?

2. 경영진의 주식옵션이라는 명분 아래 발행한 주요 주식의 개수가 기업의 희석주당순이익(Diluted Earnings Per Share, DEPS) 산정을 포함해야 하는가?

3. 만약 경영진에게 허락한 주식옵션의 가격이 주식시장 가격과 같아도 (혹은 더 높은) 기업은 이 비용을 기록해야 하는가?

최근까지 위에 대한 답으로 1번은 그렇다, 2번은 그렇다, 3번은 아니오였다. 기업이 경영진에게 부여한 주식옵션을 충분히 설명한다는 전제 아래, 주식옵션을 희석주당순이익의 계산에 포함했다. 특히 이 부분은 재무회계기준위원회의 몫이었는데 두 가지 요구 조건이면 주주가 결정을 내릴 때 충분하다고 생각했다. 그럼에도 기업, 특히 첨단기술 분야에 있는 회사가 경영진에게 보상해주는 비용을 전부 발표하지 않는다는 소리가 높아졌다. 기업이 경영진의 주식옵션 비용을 아직 인식하지 못해 벌어진 일이었다. 다시 말하지만, 기업은 경영진의 주식옵션에 관한 정보를 공표하고 희석주당순이익 측정의 주식옵션 개수를 정확히 세야 한다. 하지만 이에 이의를 제기하는 목소리는 점점 더 커졌다.

이렇게 여러 방향에서 압박이 가해지는 가운데 재무회계기준위원회는 주식옵션에 관해 다시 공표했다. 모든 의견을 통합하기 위해 재무회계기준위원회는 경영진의 주식옵션을 허락하는 시점에서 설령 그 액수가 시장 가격과 같거나 높더라도 비용으로 기록하는 방식을 도입하도록 개정했다. 손익계산서 계정에 별도로 표시해야 할 의무는 없지만, 어딘가에는 반드시 비용으로 포함해야 하며 순이익이 감소하는 결과를 나타내야 한다.

경영진 간부층에 주식옵션을 허락하는 시점에서 주식의 가치를 매기는 것은 어려운 일이 아니다. 주식옵션 측정은 말 그대로 산수만 할 줄 알면 된다. 이때 기업은 어떤 방식을 채택해 계산할 것인지 고를 수 있다. 그러므로 당연히 주식옵션의 가격을 최소화할 수 있는 방식을 택해 될 수 있으면 비용을 줄이려 할 것이다.

여기서 잠깐 다시 한 번 비용을 짚고 넘어가겠다. 비용을 기록하는 것은 자산을 감소시키거나 부채를 증가시키는 결과를 낳는다. 그러나 주식옵션 비용을 기록하는 것은 회계 개념의 기본에 명확히 어긋난다. 그것만으로는 자산이 감소하거나 부채가 증가하지 않기 때문이다.

그렇다면 주식옵션 비용 기록은 어떤 작용을 할까? 주식옵션 비용을 기록하는 과정이 이상하게 보이겠지만 사실 비용 기록은 기업의 순수익과 자본을 감소시키는 결과를 가져온다. 주식옵션 비용 역시 자본의 축소를 낳기 때문에 자본이 줄어든다. 왜 이런 식으로 작용하는 것일까? 재무회계기준위원회는 손익계산서에 이 비용을 기록해서 순수익과의 관계를 보여준다.

하지만 앞에서 말했듯이 나는 최근 재무회계기준위원회가 경영진의 주식옵션에 관해서 재발표한 부분에 꽤 심각한 의구심이 든다. 개인적으로는 재무회계기준위원회가 처음 발표했던 내용이 옳았고 그 이후 주식옵션 비용 조항을 인위적으로 추가한 것은 실수라고 생각한다.

과연 경영진의 주식옵션이 필수일까? 주식옵션이 경영진의 사기 장려에 효과적인 수단이 될 수 있을까? 나는 버크셔 해서웨이의 CEO이자 유명한 투자자인 워런 버핏의 의견에 공감한다. 그는 주식옵션에 확고하게 반대하는 사람이다. 버크셔 해서웨이 사의 경영자들은 주식옵션을 받지 않았지만, 지금까지 매우 원활하게 기업을 운영하고 있다. 많은 비평가가 경영진 자리에 있는 이들이 주식옵션을 통해 금전적 이득을 취하는 것은 꺼림칙한 일이며 실적을 올린다는 목표에 완전히 어긋난다고 주장한다.

마지막으로 비용 면에서 주식옵션에 관한 전문적인 회계설명을 하지 않았다는 점을 지적하고 싶다. 이 복잡한 문제에 여러분이 큰 관심을 가질 것이라고 생각하지 않는다. 여기서는 단지 주식옵션 비용 계산에 전문적인 문제점이 존재한다는 것만 밝히는 바이다. 별것 아닐 수도 있지만, 주식옵션은 회계 분야뿐 아니라 기업과 금전적인 부분에도 큰 문제점을 일으킬 수 있다. 실제로 경영자는 주식옵션을 더 효율적으로 만들기 위해서 기업의 수익을 부풀려서 조작하기도 한다.

해결되지 않은 부분

지난 시간 동안 재무회계기준위원회는 논쟁의 여지가 많은 여러 회계문제 처리에 막중한 책임을 져야만 했다. 그러므로 재무보고 및 회계기준을 제정하는 임무를 갖게 된 것도 어찌 보면 당연한 일이다. 또한, 재무회계기준위원회는 특정 산업 분야에서 발생하는 주의가 필요한 문제점을 처리해 왔으며 회계의 다방면을 지적하는 수많은 조항을 발표했다. 그러나 이 모든 것은 일반적인 손익계산서 공표에만 치중되었다고 할 수 있다.

그동안 재무보고를 더 명확히 밝혀달라는 목소리는 끈질기게 있었다. 특히 1933년과 1934년 증권에 관한 법안이 내세우는 가장 핵심적인 논리는 완전공시였다. 그러나 투자자, 채권자 및 재무보고를 이용하는 사람과 관련된 정보는 사실 외부용 재무보고에 공시할 필요가 없다.

증권거래위원회의 발표로는 홍보 및 마케팅 비용은 연간 유가증권보고서(10-K)에 명시해야 하지만 손익계산서에는 별도로 명시할 필요가 없다. 유지 및 보수비용은 항상 조작될 가능성이 높다(20장 참조). 이 비용은 손익계산서에 기재하지 않아도 되지만 유가증권보고서(10-K)에는 반드시 명시해야 한다. 고위 경영진 간부를 위한 보상은 재무제표나 주석에 명시할 의무는 없지만, 공기업의 대리증명서에는 반드시 공시해야 한다. 공기업의 이사회가 주주들이 이에 찬성하도록 구슬려야 한다. 기업의 주식을 누가 갖고 있는가 하는 정보는 재무보고에 공시할 필요가 없으며 실제로 공시하는 일은 거의 없다.

확실히 기업의 공시과정은 점점 발전해 왔다. 예를 들어 오늘날 재무보고의 일반적인 형태는 경영진단의견서(Management's Discussion and Analysis, MD&A)로 수익에 관한 실적과 문제점, 기업전략 설명을 포함하고 있다. 하지만 개인적으로는 공시가 기업의 경쟁력을 잃지 않는 선에서 더욱 크게 확장돼야 한다고 생각한다. 이 부분을 두고 냉정하게 말하면 종교, 군대, 교육, 비영리 단체 및 정부집단 등 대부분 공기업은 재정에 관련된 완전공시를 꺼리는 것이 사실이다. 기업 역시 외부에 너무 많은 정보를 공개하는 것에 반감이 있다.

그렇다면 우리는 어디에서 기업의 재정정보를 얻을 수 있을까? 공기업 대부분은 웹 사이트에 재무보고 및 다른 정보를 공개한다. 사이트에 접속하면 증권거래위원회와 결합한 재무보고 파일을 직접 링크해 놓은 것을 알 수 있다. 증권거래위원회의 방대한 데이터베이스에는 그들의 담당 아래 있는 공기업 파일이 있으며 www.sec.gov에서 확인할 수 있다. 이 거대한 재무정보 데이터베이스를 전자데이터 수집, 분석 및 검색 장치(EDGAR)라고 한다. 2008년 8월 증권거래위원회는 대화식 데이터베이스 전자 애플리케이션(IDEA)이 뒤를 이을 것이라고 발표했다. IDEA는 일단 EDGAR를 보충하는 기능을 하고 있지만, 아직 완전히 대체하지는 못한 상황이다.

회계방식과 숫자조작

ACCOUNTING METHODS AND MASSAGING THE NUMBERS

 이번 장을
시작하기 전에

회계방식은 기업 활동을 기록하고 신뢰할 만한 재무회계기준을 확인하기 위해 재무제표 준비에 사용한다. 따라서 기업의 재무보고를 보는 주주와 채권자는 설립된 회계기준이 재무제표에 적용되었는지, 심각한 수준으로 기준을 위반하는 사항은 없는지 살펴볼 권리가 있다. 독립적인 공인회계사(CPA)가 재무보고를 감사하는 목적은 올바른 회계방법을 적용했는지 확실히 하기 위해서다(21장에서 재무보고 감사를 설명할 것이다).

이번 장의 제목에서 알 수 있듯이 공시하는 재무제표 개수는 기업이 어떤 회계방법을 사용하느냐에 따라 달라진다. 또한, 기업경영자의 숫자조작 여부에 따라서도 차이가 있다. 이러한 문제는 재무제표 자체가 사기거나 매출액과 비용이 위조되었을 때 발생한다. 혹은 기업 측에서 재무제표의 심각한 오류를 발견할 때도 그렇다. 후자일 경우 기업은 잘못된 기록을 올바르게 잡기 위해 재무제표를 수정해서 다시 발표하는데 이번 장 마지막에서 좀 더 자세히 다룰 것이다.

재무제표는 최종 문서이므로 정확하다. 그렇지 않은가? 재무제표에 나타나는 수많은 숫자는 매우 잘 분류되어 있으며 줄을 맞춰 깔끔히 정리되어 있다. 그러나 이 숫자들은 회계 방법에 따라 전적으로 달라질 수 있다. 이 점을 절대 잊지 말아야 한다. 만약 기업이 사용하는 기록관리 방법과 회계절차에 오류가 있다면 재무제표 역시 오류를 포함하며 때로는 심각한 수준이 되기도 한다.

이번 장에서는 앞으로 바람직하고 분명한 시각으로 재무제표를 볼 수 있도록 도움을 줄 것이다.

첫째, 기업의 실적활동을 이해해야 하며 기업이 선택하는 회계 방법에 따라 자산과 부채의 가치가 달라지는 것을 알아야 한다. 둘째, 경영자가 수익을 원하는 수치로 산정하기 위해 연간비용이나 매출액에 영향을 끼치는 행동을 할 수 있다는 것을 인지해야 한다. 셋째, 재무제표를 조작하거나 잘못 작성했을 가능성을 염두에 둬야 한다. 하지만 이런 가능성 때문에 재무제표를 아예 보지 않을 필요는 없다. 나는 여러분이 사소한 일 때문에 정작 중요한 정보를 놓치는 것을 원하지 않는다.

이 시점에서 한 가지 확실히 해두고 싶은 것이 있다. 대부분 대기업은 신뢰할 수 있는 기록관리 방법을 갖고 있으며 정직하고 성실한 회계방법을 사용한다. 하지만 어떤 기업은 신념도 없이 고의적으로 명백한 사기 행각을 위해 회계방법을 이용하려 든다. 분명한 증거가 있는 사실이다. 지금은 돌아가신 나의 장인어른은 이렇게 말씀하시고는 했다. "누구나 훔치고 싶은 욕구가 있다." 음, 나는 재무제표에 허위 사실을 기재하는 이들의 마음속에는 훔치고 싶은 욕구가 가득 차 있을 것이라고 말하고 싶다.

 회계방식의
선택

기업은 일반적으로 인정된 회계원칙의 범위 내에서 회계방식을 선택해야 한다. 일반적으로 인정된 회계원칙은 미국의 권위적인 회계기준이며 국제 재무보고기준을 더 알아보려면 19장을 참조하길 바란다.

가끔 일반적으로 인정된 회계원칙이 기업의 회계방식을 구속하는 기관이라고 오해하는 이들이 있지만 사실이 아니다. 분명 일반적으로 인정된 회계원칙은 기업이 선택할 수 있는 회계방식의 범위를 좁히는 역할을 하지만 하나의 특정 회계방식만을 선택하도록 강요하지 않는다. 실제로 기업은 매출이나 비용을 기록할 때 동등하게 용인하는 두 개의 회계방식 중 하나를 선택할 수 있다.

먼저 보수주의 회계방식이 있는데 수익 기록을 나중으로 미룬 채 특정자산의 가치를 더 낮게 기록하고 특정부채의 가치를 더 높게 기록하는 방식이다. 아니면 자유주의, 혹은 호전적 회계방식을 받아들일 수도 있다. 이 방식은 보수주의 방식과는 정반대의 영향을 끼치는 방식이다. 이 두 가지 회계방식 중 하나를 택하는 것은 좋은 방식을 택하느냐 아니냐의 문제가 아니다. 두 가지 모두 훌륭한 회계방식이 될 수 있다. 공화당과 민주당 둘 중 어느 쪽을 선택하느냐가 당신의 시민 의식을 판가름하는 기준이 될 수 없는 것처럼 말이다.

재무제표는 사람의 몸무게를 저울에 달아 측정해서 더욱 정확한 결과를 전달하는 것과 같다. 재무회계기준은 기업이 어떤 종류의 저울을 사용할 것인지 선택할 수 있도록 한다. 이 책은 회계방식을 설명하는 교과서가 아니다. 그저 기업이 어떤 기준으로 다음의 회계방식 중 합당한 것을 고르는지 일반적인 상식을 알려줄 뿐이다.

- 매출을 기록할 때 완성되고 끝나는 시점의 정확한 타이밍, 특히 고객이 상품을 환급할 때, 판매 후 발생하는 액수가 클 때, 판매가격이 차후 가격 협상에 영향을 받을 때
- 외상으로 판매했으나 회수할 수 없는 대금비용을 기록할 때, 그리고 악성부채를 장부에서 지우기 전에 액수를 산정할 때
- 선입선출법과 후입선출법, 혹은 매출원가 비용과 재고자산 가치비용을 기록하는 여러 방식 중 하나를 선택할 때
- 가속상각법과 정액법 중 선택할 때, 혹은 자산의 사용수명을 측정할 때
- 비용으로 처리하기 전에 무형자산 가치의 손실 발생을 예측하거

나 가치가 줄어든다는 명백한 증거가 나올 때까지 기다릴 때
- 상품을 판매한 후 앞으로 발생할 품질보증비용을 현재 계산할 것인지 아니면 나중에 실제로 발생할 때까지 기다릴 것인지 결정할 때
- 고용인의 은퇴수당과 차후 보건 및 의료비 비용을 결정하는 주요 변수를 산출할 때

위의 목록은 매출과 비용을 기록하는 방법의 예로 기업은 이중 하나를 선택할 수 있다. 당연하지만 일정 기간의 순이익은 기업이 선택한 회계방식에 따라 다르다. 기업이 선택할 수 있는 회계방식은 매우 다양하다. 그러므로 재무보고 기준에 따라 재무제표의 주석에 기업이 선택한 회계방식을 반드시 공표해야 한다. 대부분 경영자는 회계방식을 고를 수 있다는 점에 만족할지도 모른다. 실제로 이들은 회계방식과 재무보고 공시에 관한 선택권이 많은 쪽을 선호했다. 그런데 지난 시간 동안 일반적으로 인정된 회계원칙은 회계방식의 채택과 재무보고 공시 조건의 확장 폭을 좁히는 방향으로 전개됐다.

메모 실제 사용하는 회계방식과는 다른 방식을 사용했을 때 발생하는 순이익과 자산 및 부채 가치의 차이점을 굳이 공시해야 할 의무는 없다. 예를 들어 기업은 재무보고를 할 때 다음과 같은 말을 언급하지 않는다.

예시의 재무제표 주석에는 기업이 보수주의 회계방식을 채택했다고 언급하고 있다. 만약 기업이 자유주의 회계방식을 사용했다면 한 해의 순이익은 5억 달러 더 증가했을 것이며 자산 및 부채 역시 연말 대차대조표와 확연히 큰 차이를 보였을 것이다.

최종적으로, 회계방식 채택은 그해의 현금흐름과 무관하다는 사실을 고려해야 한다. 현금흐름표(13장과 14장 참조)는 회계방식의 종류와 무관하게 항상 같은 수치를 나타낸다. 일정 기간에 실제로 발생한 현금 이동을 나타낸 것이다(그러나 어떤 기업은 연말 현금 보유량을 높이기 위해 분식결산이라는 의문의 수법을 사용하기도 한다).

 숫자조작

한 해 동안 경영자는 회계부서에서 그해의 평균 수익을 보고받는다. 아마 연말이 가까워질수록 연말 손익계산서에 올릴 수익이 높아지기를 원할 것이다. 하지만 때에 따라서는 실제 수익은 작년에 예상한 수치보다 훨씬 낮게 나오기도 한다(혹은 훨씬 높게 나올 수도 있다). 이 경우 일반적으로 경영자가 취할 수 있는 행동은 두 가지가 있다.

첫째, 경영자가 항상 하던 대로 기업을 운영하는 것으로 연말 매출액과 비용에 영향을 끼치려고 일부러 조처하지 않는 것이다(비용을 줄일 수 있지만 그렇게 하지 않는다). 둘째, 목표했던 순이익에 도달하기 위한 조처를 하는 것이다. 이때 변화시키기 위해 할 수 있는 일은 매우 다양하다. 간단히 말하면, 경영자는 그해의 비용이나 매출액을 감소하거나 증가시키기 위해 특정 조처를 취할 수 있다. 이처럼 경영자가 취하는 특정 행동을 숫자조작이라고 한다. 마치 무게를 잴 때 손가락으로 저울을 누르는 것처럼 그해의 수익을 증대시키거나 축소하는 조처를 하는 것이다. 하지만 여러분도 알다시피 숫자조작은 윤리적, 도덕적 문제를 발생시키며 이에 대한 명확한 답을 구하기는 쉽지 않다.

이쯤에서 숫자조작과 장부조작의 차이점을 명확히 짚고 넘어가겠다. 장부조작은 회계부정을 의미하며 숫자조작보다 훨씬 더 심각한 부정을 저지른다. 부정은 매출액과 비용의 액수를 허위로 작성하는 것을 포함한다. 반면 숫자조작은 매출액과 비용을 정당하게 기록하되 액수를 조금씩 올리거나 낮추는 것이다. 숫자조작을 가장 잘 묘사해주는 예로 성공한 기업가였던 나의 장인어른이 하셨던 말씀이 있다. 장인어른은 숫자조작이 마치 '베개를 부풀리는 것'과 같다고 하셨는데 나는 이 표현이 정말 마음에 든다.

어떤 이는 숫자조작은 선의의 거짓말을 하거나 좋은 말을 꾸며낸 것처럼 나쁜 것이 아니라고 주장한다. 또 어떤 이들은 여자가 화장하듯이 기업의 재정상태를 꾸미는 것과 같다고 한다.

회계사 대부분은 숫자조작을 좋아하지는 않아도 이것이 사업에서 어느 정도 용인되는 일이라는 점을 이해한다(기독교에 비유하자면, 숫자조작은 가벼운 죄로 여길 수도 있으나 회계부정은 치명적인 죄로 간주하는 것과 같다). 따라서 이들은 경영자가 숫자를 조작하지 않기를 바라지만 설령 발견해도 어느 정도 묵인한다. 실제로 회계사가 경영자가 숫자를 조작한다고 고발하는 경우는 거의 찾아볼 수 없다. 회계사 역시 회사를 경영하는 쪽에 속한다는 사실을 잊지 말아야 한다.

이렇게 숫자를 조작하는 이유 중 하나는 그해의 수익을 순조롭게 보고하기 위해서다. 사용하는 회계 시스템이 산정하는 순수익의 변동이 지나치게 심하면 경영자는 즉시 '튀어나온 부분을 다듬는' 과정을 거쳐 숫자를 고쳐서 안정된 수익을 보고한다. 그들은 이것이 투자자가 매년 보고받는 순수익의 작은 변화에는 별다른 관심이 없으며 장기적인 수입에 더 주력하기 때문이라고 주장한다.

숫자를 조작하는 이유가 옳은지 그른지를 판단하는 것이 쉬운 일은 아니다. 그해의 회계 결과를 조작한 기업은 경영자가 개입하기 전의 순수익을 발표하지 않는다. 따라서 투자자와 채권자는 재무제표를 읽을 때 회사 측에서 수치를 조작했을 가능성을 염두에 둬야 한다. 경영자가 숫자를 조작하는 방법에는 여러 가지가 있다. 예를 들어, 대부분의 기업이 자유재량에 따른 비용을 갖고 있다. 얼마나 많은 액수의 비용을 어떻게 쓸 것인지 결정하는 권한은 전적으로 경영자의 재량에 달려 있다.

그리고 비용은 작업이 실제로 완료되기 전에는 기록하지 않는다. 경영자는 이 비용과 관련된 작업을 나중으로 미루거나 앞당기도록 지시할 수 있다. 예를 들어, 올해 안에 건물을 페인트칠하기로 되어 있어도 내년으로 미루는 경우, 혹은 올해까지 교체하기로 한 배송 트럭의 타이어를 내년까지 교체하지 않는 경우 등이다. 이 방법을 이용해 경영자는 기록할 비용을 어느 정도 조절한다.

대부분 기업에는 여러 종류의 자유재량 비용이 존재한다. 문득 떠오르는 자유재량 비용 두 가지는 직원교육 및 개발비용과 광고 비용이다. 직원교육을 담당하는 경영자는 정해진 교육 코스를 연기할 수 있는 재량을 갖고 있다. 혹은 올해로 일정이 잡혀 있는 광고를 내년으로 미루는 예도 있다. 하지만 정해진 일정을 나중으로 미루는 행위는 결국 직원에게서 얻는 생산력, 혹은 매출액에 타격을 입힐 수 있다.

경영자가 회계수치를 조작하는 또 다른 방법은 연말 결산정리분개와 관련이 있다. 연말에 특정비용을 꽉 채워 기록하는 것이다. 사실 연말 결산정리분개 시에는 조정이 많이 필요하다. 예를 들어 외상매출금 중 수금할 수 없는 부분이라든가, 판매상품의 보증 기간에 발생할 비용, 혹은 기업이 지원하는 연금펀드에서 발생할 이익률이나 무형자산 가치가 하락하는 경우 등이다.

경영자는 이 모든 것을 산정할 때 전적으로 영향력을 행사할 수 있으므로 그에 따른 비용 기록도 조종할 수 있다. 또한, 경영자는 한 해 동안의 매출액을 부풀리는 특정 조처를 취할 수 있다. 예를 들어, 주문이 들어오지 않은 제품을 기업과 관련된 중개인에게 배송시켜 매출을 높이는 것이다. 이처럼 유통 상품을 적재하여 내년에 발생할 매출을 올해 장부에 기재한다. 그 밖에도 그해의 매출을 부풀리는 방법에는 여러 가지가 있다.

지금까지 회계 숫자를 조작하는 방법 중 수익(순수익)을 부풀리는 방법을 이야기했다. 그러나 수익에 영향을 끼치지 않으면서 숫자조작을 하는 방법도 있다. 기업의 상환능력과 자산유동성을 실제보다 좋게 보이도록 사실을 왜곡하여 결산처리 하는 방법으로 윈도드레싱이라고 한다.

윈도드레싱의 대표적인 예는 결산처리가 끝난 후 며칠 동안 회계장부를 공개하는 것이다. 이것의 목적은 외상매출금에 현금이 추가로 유입되는 것을 기록하기 위해서다. 예를 들어, 2010년 1월 초가 지날 때까지 현금 유입 예정이 없어도 2009년 12월 31일에 현금이 유입된 것처럼 기록하는 것이다. 실제보다 현금 보유량을 높이고 외상매출금이 낮은 것처럼 나타내서 기업의 현금 유동성이 좋아 보이도록(현금 보유량이 실제보다 더 많도록) 위장하는 것이다. 실제로 내가 공공회계 업무를 하고 있을 때 고객 중에는 항상 이 작업을 실행하는 기업이 있었다. 개인적으로, 지금도 있을 거로 생각하지만 증명할 길은 없다.

여기서 다시 강조하지만, 회계부정은 숫자를 조작하는 것과는 차원이 다르다.

회계부정은 실제로 발생하지 않은 매출을 꾸며서 기록하고 발생한 비용과 손실을 아예 기록하지 않는 행위를 말한다. 간단히 말해 회계부정은 회계기록을 위조하는 것이다. 숫자를 조작하는 행위가 도를 지나치게 되면 결국 회계부정(분식회계)으로 이어지게 된다. 사실 숫자를 조작하는 것은 회계부정이라는 파국으로 치닫는 길의 시작이다.

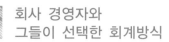

회사 경영자와
그들이 선택한 회계방식

기업 CEO는 공정한 재무제표에 책임을 지고 있으며 특히 기업의 수익 측정에 사용하는 회계방식이 제정된 회계기준 범위에서 벗어나지 않도록 제한해야 한다. 만약 선택한 회계방식이 기준을 벗어나면 기업은 거짓으로 만든 재무제표 발행으로 고소당할 수도 있다. 이 경우 CEO는 거짓 재무제표로 손해를 본 채권자와 주주를 책임져야 한다. 만약 재무제표 외에는 그들이 손해 본 이유가 딱히 없다면 손해배상까지 해줘야 한다.

가장 이상적인 상황은 기업의 간부, 경영진, 고위 경영자가 회계방식을 선택하고 기업에 가장 이로운 정책을 세우는 것이다. 물론 이 기업의 CFO와 감사관에게 조언할 수 있는 수단을 취해야 한다. 이들은 보수주의 회계방식(주의 깊은 방식)과 자유주의 회계방식(공격적인 방식) 중 하나를 선택해야 한다. 수익을 나중에(주의 깊게) 기록할지, 아니면 먼저(공격적으로) 기록할지 정해야 한다. 매출액을 빨리 기록하거나 혹은 비용을 나중에 기록할수록 수익은 더 빨리 기록된다.

만약 수익을 최대한 빨리 기록하길 원한다면 CEO는 회계사에게 매출액을 진척시키고 비용을 늦추는 회계방식을 택하도록 지시해야 한다. 이와 반대로, 주의 깊게 진행하길 원한다면 매출액 기록을 늦추고 비용 기록을 진척시키는 방식을 택하도록 지시해서 수익을 최대한 늦게 기록하도록 해야 한다.

기업에게 상품판매와 장기운영(고정) 자산에 큰돈을 투자하는 것은 매우 중요한 요소다. 매출원가 비용과 감가상각비를 계산에 사용하는 회계방식은 이에 대한 핵심이다. 사실 회사 경영자는 회계방식을 스스로 선택하지 않으려는 경향이 있다. 나는 이 생각이 옳지 않다고 생각한다. 그 이유는 첫째, 앞에서도 말했듯이 재무제표는 일반적으로 인정된 회계원칙이 제정한 규칙을 따라야 한다. 그런데 공인회계사가 재무제표를 감사하지 않으면 재무제표는 제정된 규칙 범위에서 벗어날 위험이 있다. 둘째, 고위 경영자는 기업의 정책과 사상에 가장 잘 들어맞는 회계방식을 수용해야 한다. 그리고 CEO는 어떤 방식의 재무제표가 기업을 좀 더 유리하게 '보이게 할지' 선택해야 한다.

만약 경영자가 아닌 다른 누군가가 회계방식을 택해야 한다면 아마 그는 당연히 기업의 감사관일 것이다. 감사관은 기업의 회계 관계자 중 가장 높은 지위에 있는 사람으로 CEO와 고위 경영자의 편이 되어야 한다. 그리고 반드시 기업의 목적, 목표, 전략 및 계획에 어긋나지 않는 회계방식을 사용해야 한다.

 회계방식의
일관성

기업은 한번 회계방식을 정한 이상 그것을 고수해야 하며 매년 회계방식을 바꾸면 안 된다. 내국세입청과 증권거래위원회는 해가 바뀔 때마다 회계방식을 바꾸는 기업을 좋게 보지 않는다. 게다가 회계방식 변경은 재무제표와 주석 공시에 많은 문제점을 일으킨다. 물론 상황에 따라 회계방식 변경이 필요할 때도 있으나 대기업 대부분은 아주 특별한 경우가 아닌 이상 회계방식을 바꾸지 않는다.

정리하자면, 회계방식을 일관성 있게 유지하는 것은 당연하다. 재무보고를 눈여겨보는 투자자와 대출기관은 회계방식이 항상 일관성 있기를 원한다. 그렇지 않으면 매년 재무제표를 분석할 때마다 각종 문제점이 발생할 것이다. 재무제표를 분석하는 것도 이미 꽤 벅찬 일인데 만약 회계방식이 일관성 없다면 일이 더 복잡해질 것이다. 재무회계기준이 회계방식의 번복을 금지하는 것은 아니지만, 기업은 타당한 이유 없이 회계방식을 변경해서는 안 된다.

이익의 질

이익의 질은 사업이나 재정 이야기를 할 때 많이 사용한다. 순수익은 품질 테스트를 거친다. 이를테면 리트머스 테스트 같은 것이다. 이 용어를 완벽하게 정의할 수 없지만, 이 말을 사용하는 사람 중 대부분은 기업이 사용하는 회계방식의 정직함과 신뢰성이라고 말한다. 일반적으로 보수주의 회계방식의 질이 더 높다고 한다. 특히 주식분석가와 투자 경영자는 공격적인 회계방식을 좀 더 신중하게 눈여겨본다. 이들은 만일의 경우를 대비하여 안전을 기해 판매 수익이 눈에 보이기를 원한다. 또한, 전문가이므로 많은 종류의 측정 방법 및 선택이 재무회계에서 결정된다는 것을 알고 있어 수익에서 발생하는 오류가 낮은 것을 선호한다.

전문 투자자와 투자 경영자는 매출액을 너무 빨리 기록하거나 손실이나 비용 기록에 문제가 있는 회계방식을 특히 경계한다. 그래서 이미 감사받은 재무제표도 기업의 이익을 얼마나 신뢰할 수 있게 보고했는지 꼼꼼히 살펴본다. 이들은 특히 영업활동으로 인한 현금흐름에 많은 관심을 보인다. 현금흐름은 기업으로 흘러들어가게 조작할 수 없기 때문이다. 회계방식은 분명 수익을 결정하지만, 현금흐름에는 영향을 끼치지 못한다. 그러므로 만약 보고받은 수익이 영업활동으로 인한 현금흐름을 유지하는 수단이라면(13장 참조), 주식 분석가는 기업에 내재한 이익의 질을 높게 평가할 것이다.

주식 투자의 기본은 자신의 자산 구성을 다양화해서 하나, 혹은 극히 적은 주식에 지나치게 집중하는 투자의 위험을 줄이는 것이다. 투자 위험 중 한 가지는 사용하는 회계방식이나 부정으로 정확하지 않은 재무보고가 발생하는 것이다. 따라서 다양한 주식에 투자하는 것은 부정하거나 그릇된 재무보고의 위험을 방지하는 수단이 된다.

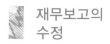

재무보고의 수정

여러분이 방금 뉴스 기사를 하나 읽었다고 가정해 보자. 당신은 그 내용이 완전하고 객관적이라고 판단했고 당연히 완성된 글이라고 생각했기 때문에 모두 사실이라고 믿었다. 그러나 얼마 지나지 않아 기사 내용을 일부 수정하거나 축소했다는 사실을 알게 되었다. 기사를 처음 읽었던 당시 그 내용을 신뢰했던 당신은 당황할 것이다. 여러분은 아마도 한 기업의 재무제표가 처음 보고했던 내용을 취소하고 다른 내용으로 다시 공시했을 때, 그것을 읽는 이들의 기분이 어떨지 상상이 될 것이다. 이렇게 재무보고를 뒤집는 것을 재무보고 수정이라고 한다. 이 경우, 대부분 순수익은 처음에 공시한 액수보다 더 낮게 수정된다.

이 책의 개정판을 쓰는 동안 재무제표 수정에 관한 매우 흥미로운 연구가 나왔다. 수잔 스콜즈(Susan Scholz, 미국 재무부 소속)가 2008년 4월에 발표한 〈공기업 재무제표 변화의 본질과 결과(1997-2006)〉가 바로 그것이다. 이 연구 중 몇 가지를 이 책에서 여러분과 공유해 보겠다. (보고서 요약에서 발췌)

재무보고를 수정하는 이유는 일반적으로 인정된 회계원칙을 위반했기 때문이다. 1997년 수정된 재무보고서는 90개에 불과했으나 2006년에는 무려 1,577개에 달했다. 그리고 그 중 가장 변동이 심한 경우는 공공시장에서 주식을 거래하지 않은 기업에서 나타났다(따라서 이런 종류의 기업에 투자할 때는 특히 주의해야 한다). 여러분도 예상할 수 있는 것처럼 수정된 재무보고를 하는 기업에 부정적으로 반응하는 시장이 있었으나 2001년부터 쇠퇴하기 시작했다. 재무제표를 수정하는 기업은 대체로 수정 전에 수지가 안 맞았던 경우가 많다.

비록 논쟁거리를 만드는 발표지만 나는 개인적으로 이 연구에서 얻은 여러 가지 소견을 보며 한 가지를 확신할 수 있었다. 바로 공기업에서 발행하는 재무제표는 일반적으로 신임할 수 있으며 나중에도 수정할 필요가 없다는 것이다. 물론 100퍼센트 확신할 수는 없다.

마지막으로 언급해야 할 것이 하나 있다. 개인기업의 재무제표는 지금까지 철저히 조사된 바가 없다는 것이다. 미국에는 백만 개 이상의 개인기업이 있다고 한다. 그런데 나의 경우, 개인기업의 재무제표를 살펴본 적이 거의 없다(지방은행의 이사회 임원을 지냈음에도 말이다). 그뿐만 아니라 살펴볼 기회가 있을 때조차 실망을 금치 못했다. 충고하건대 여러분도 만약 개인기업의 재무제표를 읽게 된다면 CPA 단체에서 감사를 받은 기업이 아닌 이상 좀 더 많은 주의를 기울여야 할 것이다.

엔론 시대 이후의 재무보고 감사

AUDITS OF FINANCIAL REPORTS IN THE POST-ENRON ERA

 머리말

독립적인 공인회계사에게 재무보고를 감사받는 방안을 이야기하기 전에, 이번 장은 최근 있었던 사건들을 간략히 언급하는 것으로 시작하겠다.

엔론 스캔들은 내부 문제들이 계속 쌓여 터지기 일보 직전이었던 사건으로 미국의회 및 공공회계 전문가들을 움직인 장본인이다. 2001년에 터진 이 회계부정 사건은 하루가 멀다하게 뉴스의 헤드라인을 장식하며 퍼져나갔다.

월드컴, 엔론, 타이코, 아홀트, 제록스, 라이트에이드, 글로벌 크로싱, 헬스사우스, 웨이스트 매니지먼트, 아델피아 커뮤니케이션즈 등. 이들은 유명한 CPA 단체로부터 재무제표 감사를 받은 기업이다. 재무보고 부정을 저지른 기업의 주식 가치는 곤두박질쳤고 주주들은 엄청난 손실을 보았다. 불행하게도 이 기업에 근무하는 많은 사람이 상당액의 퇴직금을 자신이 다니는 회사 주식에 투자하여 손해를 봤다. 솔직히 말해 나는 회계부정이 이렇게 많이 발생했다는 사실에 매우 놀랐다. 1930년대부터 1960년대에 이르면서 회계부정 적발 건수가 급증했으며 1980년대부터 1990년대 사이에는 훨씬 더 많은 문제가 속속들이 드러났다.

그런데 장부를 조작한 대부분 기업은 이미 감사를 받은 상태였다. 그것도 세계 최고라는 공인회계사 5대 단체의 회계감사관에게 말이다. 아서 앤더슨은 이 단체 중 하나로 엔론 사건이 벌어졌을 때 증거를 모두 지워버렸으며 이 일로 유죄 판결을 받고 하루아침에 모든 것을 잃었다. 수천 명에 달하는 아서 앤더슨 회계사들은 다른 공인회계단체에 취직하거나 다른 직종으로 직업을 바꿔야 했다. 나머지 4대 기업은 재무보고 부정을 범한 고객 발견에 부주의했다는 이유로 소송에 휘말렸고 법의 제재를 받았다.

갑자기 파동치는 엄청난 규모의 회계부정이 일어나자 의회는 조지 워싱턴 부시 대통령의 승인 아래 사베인-옥슬리 법(Sarbanes-Oxley Act, SOX)을 개정했다. 이 법안은 철저하게 만들어진 많은 법안으로 구성되어 있으며, 다음 장에서 자세히 설명할 것이다. 공기업 회계감사관은 새로운 연방정부 관리기관 담당 아래 있으며 기업 경영부와 회계위원회는 새로운 책임을 부여받았다. 이제 CPA 기관이 공기업의 재무보고를 감사하는 새로운 시대가 열렸고 회계부정을 저지른 대기업은 대가를 치를 것이다.

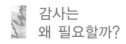

감사는
왜 필요할까?

만약 당신이 개인기업에 상당한 금액의 돈을 투자하고 경영에는 관여하지 않는다고 가정해 보자. 요컨대 부재중인 소유주, 소극적인 투자자 입장이 되는 것이다. 주식을 소유한 사람으로서 당신은 당연히 기업의 재무보고를 받을 권리가 있다. 기업이 잘 운영되고 있는지, 위험 요소가 발생할 가능성이 있는지 정보를 얻기 위해서 당신은 계속 재무제표 및 주석을 살펴볼 것이다.

그렇다면, 당신은 기업의 재무제표가 정직하게 정보를 공개하고 있는지, 수익을 계산할 때 올바른 회계방식을 사용하고 있는지 어떻게 확신할 것인가? 그저 그러리라 추정할 뿐인가? 과연 재무보고를 신뢰할 수 있을까?

이번에는 당신이 은행 대출 관리자라고 가정해 보자. 한 기업이 대출 신청서에 가장 최근의 재무제표를 첨부해서 제출했다. 기업은 서류를 준비하면서 올바른 회계방식을 사용했을까? 대출을 받기 위해 회사서류를 수정하지는 않았을까? 이런 생각이 완전히 허황된 것은 아닐 것이다(20장에서 재무제표의 숫자조작에 관해 언급했었다). 혹은 당신이 뉴욕증권거래소와 나스닥에서 거래하는 주식 관리를 책임지는 뮤추얼펀드 투자경영자라고 가정해 보자. 주식의 시장가치는 기업이 발표한 재무제표의 순수익과 주당순이익으로 결정된다. 그렇다면 재무제표 수치가 믿을 수 있는지 어떻게 확신할 수 있을까?

재무제표가 잘못된 정보를 포함할 때는 의도하지 않게 실수하는 경우와 고의적으로 정보를 조작하는 두 가지 경우가 있다.

1. **명백한 착오거나 무능력한 경우** : 기업이 올바른 내부회계 통제 제도를 사용하지 않거나 장부에 오류가 발생할 때, 실패 원인을 찾아내지 못하거나 오류를 수정하지 못할 때, 혹은 단순히 기업의 회계 간부가 회계 및 재무보고가 갖춰야 할 기준을 알지 못할 때이다.

2. **고의적으로 속이는 경우** : 고위 간부급 경영자 한 명(혹은 그 이상)이 의도적으로 기업실적과 재무제표를 왜곡하여 발표하거나 반드시 공시해야 할 핵심 내용을 감출 때이다. 이 경우를 재무보고부정 혹은 회계부정이라 하며 장부를 요리한다고 표현하기도 한다.

위와 같은 오류 발생 및 부정을 막기 위해서는 기업의 회계구조를 감사해서 재무제표에 착오가 없는지, 재무보고 및 회계기준을 준수하는지 알아야 한다.

감사는 회사가 규칙을 준수하고, 기업의 재무보고를 신뢰할 수 있다는 확신을 주는 역할을 한다. 그래서 어디에도 소속되지 않는 독립개체인 공인회계사가 재무보고 감사를 시행해야 한다. 이 부분은 다음 장에서 설명할 것이다.

공인회계사

공인회계사가 되기 위해서는 3가지를 준비해야 한다. 첫째, 회계 과정을 중심으로 한 회계과 학위를 이수해야 한다. 모든 주에서 대학교 과정을 5년으로 하는 법을 추진하고 있다. 그러나 현실적으로 이 법안을 통과시킨 주는 아직 거의 없다. 둘째, 반드시 공인회계사 시험을 통과해야 한다. 회계, 세법, 감사, 경영 법 등과 관련 있는 지식을 시험하는 매우 엄격한 시험이다. 셋째, 거주 중인 주에서 요구하는 일정 기간 회계 분야에서 경력을 쌓아야 한다. 주마다 요구하는 근무 기간과 기업의 성질이 다르지만 보통 최소 1년 이상의 경력을 요구한다.

교육, 시험, 경험, 이 3가지 조건을 충족하면 공인회계사 자격증을 받는다. 하지만 이를 취득한 이들 중 그 상태로 영원히 남아 있으려는 사람은 아무도 없다. 실제로 대부분 주(일일이 확인하지는 못했지만 아마 모든 주가 그럴 것이다)에서는 자격증을 딴 사람에게 공인회계사 자격증 갱신을 위해 30시간에서 40시간의 교육을 받도록 요구한다. 또한, 모든 주의 회계단체는 공인회계사로서의 이행을 위한 법안을 제정하고, 법과 규칙을 어기거나 윤리적으로 문제를 일으킨 이들의 공인회계사 자격을 박탈하거나 정지시킬 의무를 갖고 있다.

공인회계사는 재무보고 감사만 하는 것은 아니다. 이들은 공개적으로 매우 폭넓은 서비스를 제공한다. 그 안에는 세법에 따른 운영 계획, 개인 재무 관련 상담, 사업 평가, 컴퓨터 시스템과 기술, 생산관리 및 효율, 법의학 관련 기능 등 전문 분야도 포함하고 있다.

> **메모** 공기업의 재무보고 감사를 맡은 CPA 단체는 감사를 시행하는 사람에게 특정한 비감사서비스를 제공해야 하는 의무가 있다.

그래서 공인회계사 자격증을 딴 이들은 전문적인 자격이 있다고 인정 받아 자질과 경험을 높이 평가받으며 어디에도 소속되지 않는다. '자격증'이라는 용어는 전문성과 경험을, '공인'은 어떤 단체나 개인에게 속하지 않는다는 것을 나타낸다. 재무제표 감사를 시행하면서 이들의 독립성은 매우 중요한 역할을 한다. 독립적인 개체가 되기 위해 이들은 공익을 위해 의무를 이행하며 어떤 단체에도 소속되지 않는다(물론 CPA 단체에 소속되는 것은 제외).

공익 회계 경험은 좋은 경력을 쌓기 위한 바탕이 된다. 많은 사람이 공익회계사로 시작해 회사의 최고회계관리자(회계 담당자)나 재무담당 최고책임자(CFO)까지 오른다. 혹은 회장이나 최고경영자(CEO)까지 오르기도 한다. 어떤 이들은 정치 쪽으로 가기도 한다. 이들은 회계 분야에서 활동을 중단해도 여전히 공인회계사로 여겨진다. 마치 의사 학위를 가진 사람이 의학계를 떠나도 여전히 의사라고 불리는 것과 같은 이치다.

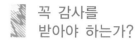

꼭 감사를
받아야 하는가?

　주식시장에서 부채와 어음을 거래하는 기업의 재무보고는 연방 정부가 제정한 법에 따라 독립된 공인회계사기관에서 시행하는 감사를 받아야 할 의무가 있다. 미국에는 약 1만 개의 공기업이 있다는 수치가 나온 바 있다. 또한, 이윤을 목적으로 하는 900만 개 이상의 기업 및 합병회사, 유한회사와 개인사업체(한 명의 소유주가 운영하는 벤처기업)가 있다. 기본적으로 개인기업은 연방정부법의 제재를 받지 않지만 주 정부의 법은 적용되기 때문에 영향을 받는다. 그래서 많은 개인 업체가 법률상 의무가 없어도 공인회계사에게 연간 재무보고서를 감사받는다.

　나는 개인이 운영하는 은행의 이사회를 역임한 적이 있는데 당시 우리는 매년 공인회계사의 감사를 받았다. 그뿐만 아니라 변호사와 주마다 다른 기업 및 증권법을 상담하고 기업의 특정 상황에 따라 새로 감사를 받아야 했다. 개인기업은 돈을 빌리거나 새로운 투자자에게 주식을 발행하기 위해서 재무보고를 감사받겠다는 약식의 계약서나 동의서를 작성하기도 한다. 다만 앞에서 말했듯이, 공기업은 선택의 여지가 없다. 이들은 법적으로 연간 재무보고서를 독립된 공인회계사에게 감사받을 의무가 있다. 만약 이것이 의무가 아니라면 회사가 재무보고 감사를 받을 필요가 있을까? 그렇다고 하면 얻는 점은 무엇일까? 기본적으로 감사과정은 재무보고의 신뢰성을 보증해준다. 감사를 받은 재무보고서는 보다 '믿을 수 있는 지표'라는 것을 증명한다. 이때 공인회계사가 하는 감사는 재무제표를 허위로 작성하는 것을 방지한다. 공인회계사 감사관은 회계 수사 전문가로서 재무보고 및 회계기준에 굉장히 해박하다. 또한, 어느 기업에도 소속되지 않아 허위로 작성된 재무보고서를 절대 용인하지 않는다.

다만 감사를 받는 비용은 절대 만만치 않다. 공인회계사는 수수료를 많이 받는 전문가다. 이들에게 대충 한 번 훑어보는 대신 가격을 깎아달라고 할 수 없다. 개인기업의 공인회계사 감사관은 일반감사기준(Generally Accepted Auditing Standards, GAAS)을 따르며 공기업의 감사관은 정부기관에서 제정한 2002 사베인-옥슬리 법을 준수해야 한다. 감사 기준법 위반으로 공인회계사는 고소당할 수 있으며 정부기관으로부터 처벌받고 공인회계사 명성에 심각한 타격을 받는다. 감사는 시간이 오래 걸리는 과정이다. 공인회계사는 다량의 자료를 검토하고 각종 테스트를 거쳐 기업의 회계 기록을 확인한 후에 재무제표에 관한 의견을 내놓는다. 이렇게 감사과정에 걸리는 시간 때문에 높은 비용을 청구한다. 기업은 감사를 받는 것이 법률상 의무는 아니지만 큰 비용을 들여 재무보고의 신뢰성을 높이는 것이 어떤 가치가 있는지 고려해야 한다.

실제로 은행은 대출을 요청하는 기업에 감사받는 것을 조건으로 내세우기도 한다. 외부(경영에 참여하지 않는) 주주들 또한 자신의 투자에 안전을 기하기 위해 기업 측에 매년 감사받기를 요구할 수 있다. 이 경우 감사비용은 대개 외부자본에서 지급한다. 그러나 기업의 외부투자자나 채권자는 대부분 감사를 요청하지 않는다. 설령 요청하더라도 기업 측은 사내 회계시스템을 확인하는 정도의 수준으로 감사받을 수 있다. 다만 기업이 사기나 횡령 등에 노출되어 있는지 알아보기 위해 독립적인 보안검사를 받을 필요가 있다고 결정한 경우에는 마땅히 모든 부서가 감사에 응해야 한다.

'감사'라는 단어를 들으면 대부분 기업이 무슨 잘못을 저질렀는지 조사하거나 거짓된 정보를 찾아내는 것으로 생각한다. 하지만 그것이 독립적인 공인회계사가 재무제표를 감사하는 주요 목적은 아니다. 공인회계사가 감사를 시행하면서 기업 측의 횡령 사실이나 사기를 적발하기도 한다. 하지만 이들의 주요 목적은 기업의 재무보고서가 공정하다는 것을 증명하는 것이다. 공정하다는 뜻은 기업이 스스로 정한 회계방식을 따르고 있으며 재무보고 및 회계기준에 따라 재무보고를 한다는 것이다.

공인회계사에게 재무보고를 감사받는 과정은 우리가 몸에 이상이 없는지 확인하기 위해 매년 정기 검진을 받는 것과 같다. 의사에게 여러 가지 검사를 받아서 몸의 상태를 점검하고 이상이 생겼을 때 건강에 위험이 닥치지 않게 조심하는 것이다. 그리고 몸에서 암이 발생할 위험이 보이거나 심장에 이상이 있어서 정밀검사를 해야 하는 상황이 아닌 이상 의사는 대대적인 검사를 하지 않는다. 예를 들어 의사가 추가검진이 필요 없다는데 굳이 엑스레이 촬영 등 세부검사를 진행하는 경우는 없다. 공인회계사 감사관은 회계부정의 가능성이 있는지, 혹은 아무도 모르게 부정을 저지를 만큼 기업 내부 통제시스템에 취약점은 없는지 확인하는 감사절차를 진행한다. 그러나 어쨌든 감사의 가장 큰 목적은 재무제표(주석도 포함)

의 공정성에 의견을 제시하고 일반적으로 인정된 회계원칙(미국에 한함)을 따르는지 확인하는 것이다. 부정행위는 재무제표의 진실성을 의심받고 결국 공인회계사 감사관이 부정 가능성(회계 오류 포함)이 있는 모든 경로를 살펴보게 된다. 하지만 부정이 드러난 감사결과에 어떤 말도 하지 않는다. 이들은 "부정이 있는지 살펴보았으나 발견된 바가 없다"라는 발표를 하지 않는다. 이제부터 감사 결과를 어떻게 언급하는지 설명하겠다.

 감사 의견

우선 확실히 짚고 넘어가야 할 부분이 있다. 우리는 지금 공인회계사가 실시하는 재무보고 감사에 초점을 두고 이야기하고 있다. 감사에는 국세청에서 실시하는 소득세신고 감사, 회계감사원이 실시하는 정부지원 프로그램 감사, 정부 감사원이 실시하는 감사 등 여러 종류가 있다. 이제부터 언급할 감사는 공인회계사가 실시하는 기업에서 발표한 재무보고에 관한 감사에 국한하며 이 재무보고서는 주로 대출기관이나 주주 등 기업의 재무제표를 보고받을 합당한 권리가 있는 이에게 제출한다.

재무보고를 받는 사람들은 재무제표가 감사과정을 통과했는지 크게 염려할 필요도 없고 염려해서도 안 된다. 기본적으로 중요한 것은 공인회계사 감사관의 의견이다. 별 내용이 없어 보여도 감사관 의견을 주의 깊게 읽어야 한다. 재무제표를 읽는 이들은 대부분 감사과정을 행한 재무보고서는 의심할 여지가 없다고 생각한다. 공인회계사가 문제의 소지가 있는 재무보고서와 관계 있을 리 없다고 생각하기 때문이다. 그래서 많은 사람이 공인회계사가 의견을 낸 재무보고서의 재무제표와 주석에는 문제가 없다고 생각한다. 그렇다면 공인회계사가 발표하는 의견에는 승인도장이라도 찍혀있다는 것인가? 사실 그렇지는 않다.

가장 믿을만한 감사 의견은 적정 의견, 혹은 '깨끗한' 의견이라고 부른다. 일반적으로 깨끗한 감사 의견은 미국 공인회계사 (American Institute of Certified Public Accountants, AICPA)의 감사기준심의회에 따라 3문단으로 작성한다(예시 21-1 참조).

기본적으로 적정 의견, 혹은 깨끗한 의견은 공인회계사가 감사를 실시한 재무제표 및 재무보고에 특별히 이견이 없다는 것이다. 공인회계사는 그들이 감사한 재무제표가 미국의 일반적인 회계기준에 따라 작성했으며 주석과 그 밖의 자료들 또한 믿을 수 있는 정보(기업의 경영진이 선택한 회계방식에 따른 것이며 이에 대해서는 20장에서 언급했다)라는 점을 증명하는 것에 불과하다. 그러므로 가장 깨끗한 의견은 공인회계사 감사관이 사실상 "이 재무보고에 이견이 없다"고 말하는 것이다.

만약 공인회계사 감사관이 기업의 회계 간부라면 재무제표와 주석은 다른 방식으로 기재했을 것이다. 사실 공인회계사 감사관은 다른 회계방식을 사용하는 것을 더 선호한다. 감사가 끝나면 공인회계사는 재무제표와 보고 내용이 재무보고 및 회계기준을 위배하지 않는다는 의견을 밝힌다.

감사전문가는 감사과정이 합리적이며 "이 재무제표는 허위로 작성된 바가 전혀 없다"라고 단언하는 의견을 내지 않는 편을 더 선호한다. 또한, 재무보고를 받는 이들은 감사과정 개요를 인지해야 한다고 여긴다(두 번째 문단 참조). 공인회계사 감사관의 보고 기준은 전문용어로 구성된 209개의 단어로 이루어져 있으며 개인적으로 재무보고서를 읽는 사람들이 이보다 더 많은 설명을 요구해야 한다고 생각한다. 솔직히 여러분은 예시 21-1 감사보고서의 모든 문장을 자세히 읽었는가? 아마 문단을 그저 훑어보는 것에 불과했을 것이다.

감사보고에 관한 기준을 볼 때 우리는 "감사는 검토과정을 포함하며 테스트를 기반으로…"라는 부분에 주목해야 한다. 감사를 시행할 때 기업의 거래과정과 특정 자산 및 부채를 이루는 모든 항목을 일일이 검토하지 않는다. 한마디로 감사는 표본추출에 따라 진행한다. 따라서 공인회계사 감사관은 오류와 부정을 찾아내는 기업의 내부통제 시스템에 특히 주의를 기울인다. 이들은 오류나 부정이 발생할 만한 부분에서 위험평가과정을 실시하는 등 오류 발생이 많이 일어나는 분야를 집중적으로 탐색한다.

오류 발생을 전적으로 막기 위한 감사비용은 어지간한 기업이 엄두도 못 낼 정도로 비싸다. 그래서 전체적으로 볼 때, 감사과정 중 발생할 수 있는 일부 실수는 어떤 나머지 부분을 위해 용인하는데 여기에는 숨겨진 이유가 있다. 냉철한 시각으로 바라보았을 때, 진짜 이유는 기업에 자금을 제공하는 대출기관이나 투자자가 금전적인 손실을 보았을 때 그들에게 고소할 상대를 남겨주기 위해서다. 재무보고에서 오판이나 부정이 있다는 증거가 나오면 그들은 감사관에게 책임을 돌릴 것이 분명하기 때문이다.

예시 21-1 감사 보고서의 적정 의견(깨끗한 의견) 기준

독립 감사 보고서

20X2년과 20X1년 12월 31일 우리는 X기업의 대차대조표 감사를 시행했다. 또한, 손익계산서 및 이익잉여금과 현금흐름표를 검토했다. 이 재무제표는 X기업 경영진의 책임 아래 작성되었다. 우리는 재무제표 감사 실시를 마친 후 의견을 표할 책임이 있다.

우리는 미국의 일반적인 감사기준에 따라 감사를 시행했다. 감사는 테스트를 기반으로 검토하며 재무제표가 나타내는 증거를 바탕으로 진행한다. 또한, 회계원리와 경영진이 측정한 수치를 바탕으로 시행했으며 재무제표가 나타내는 전체적인 평가를 기본으로 하였다. 우리는 이 감사를 통해 합당한 의견을 제공할 것이라고 믿는다.

이 재무제표는 위에 언급한 과정을 공정하게 거쳤으며 20X2년과 20X1년 12월 31일 X기업의 재정상태와 운영 결과 및 현금흐름이 미국 회계원리에 어긋나지 않았다는 의견을 내놓는 바이다.

[서명]
[날짜]

　20장에서 우리는 숫자조작과 회계부정의 차이점을 이야기했다.
숫자조작은 장부에 기록하는 숫자를 조금씩 바꾸는 것을 의미한
다. 경영자가 내년으로 넘어가기 전에 매출액과 비용을 조정해서
수익을 한때 부풀리거나 줄여서 순조로운 형태의 장부를 만드는
것이다. 윤리적으로 판단하기 모호한 부분이다. 물론 공인회계사
감사관은 경영진의 교묘한 술수를 적발하는 것을 달가워하지 않는
다. 그러나 기업을 운영하면서 회계수치를 조작하는 것은 사실과
전혀 무관하게 재무제표를 바꾸지 않는 한 사업에서 어느 정도 용
인되는 일이다. 범죄 수준으로 비유하면 숫자조작은 경범죄에 불과
하고 회계부정은 흉악범죄에 해당한다. 장부를 바꾸는 것은 숫자를
조금 부풀리거나 줄이는 것과는 차원이 다르다. 회계부정은 매출액
과 비용을 위조하고 실제 존재하지도 않는 자산을 마치 있는 것처
럼 기록하거나 발생한 부채를 아예 없는 것처럼 기록하지도 않는
다. 즉 회계부정은 고의적으로 재무제표를 심각한 수준으로 사실과
다르게 작성하는 것이다.

　그렇다면 공인회계사 감사관은 회계부정을 100퍼센트 적발해
낼까? 한 마디로 대답하자면 꼭 그렇지만은 않다. 물론 부정 사실
을 적발할 수도 있다. 하지만 만약 부정을 저지른 경영자가 사실을
교묘히 계획해 위장했다면 몇 년 동안 적발하지 못할 수도 있다.
공인회계사 감사를 받으면 확실히 부정 사실을 적발할 확률이 높

아지지만 그렇다고 모든 부정을 다 밝힐 수 있다고 장담하기는 어렵다.

개인적으로 감사비용은 상황에 따라 통제해야 한다고 생각한다. 감사를 시행해서 얻을 수 있는 이점을 고려해 감사비용을 책정해야 한다. 감사비용을 일정 액수로 국한하면 공인회계사는 부정 가능성이 있는 모든 상황을 일일이 검토할 수 없다. 공인회계사 감사관은 기업이 회계부정을 방지하기 위해 정해 놓은 통제방식을 살펴보고 취약한 부분이 있으면 기업의 감사위원회와 함께 그 부분을 집중적으로 조사해 해결책을 제시해야 한다. 가장 중요한 점은 공인회계사 감사를 받아도 회계부정을 전부 적발할 수 없다는 사실이다. 특히 고위 간부가 연루된 부정일수록 그 사실을 알아내기는 더욱 어렵다.

감사보고서를 읽는 방법

재무보고서를 읽는 사람들이 가장 알고 싶어 하는 부분은 기업 경영진이 작성한 재무제표 및 주석에 대한 공인회계사의 이의제기 여부다. 사실 재무보고서를 보는 사람들은 문서에 작성된 특정 용어에는 관심이 없다. 이들이 알고 싶어하는 것은 단 하나다. 기업의 감사를 맡은 공인회계사가 재무보고서를 승낙하는가? 만약 승낙하지 않았다면 이들은 공인회계사 감사관이 확실한 표명을 하기를 원한다.

　재무보고서를 볼 때는 가장 먼저 공인회계사 감사보고서를 읽고 감사관이 깨끗한 의견을 표명했는지, 감사결과의 추가정보가 있는지 확인해야 한다. 감사보고서는 다음과 같이 3가지 부분으로 구성되어 있다.

- 공인회계사 감사관은 발표한 재무보고에 기재된 회계 처리 과정, 그해에 발생한 중대사항, 혹은 확실치 않은 특이 사항 등에서 하나, 혹은 그 이상의 강조하고 싶은 부분이 있다.
- 올해 기업이 채택한 회계방식이 작년과 다른 경우, 기업이 발표했던 재무보고서와 일치하지 않는 부분이 발생할 수 있다.
- 재정적인 어려움을 겪고 있어서 부채 상환기간에 돈을 갚지 못하거나 감당하기 어려운 채무가 있는 경우 기업이 앞으로도 경영을 지속할 수 있을지 실질적인 의문이 든다.

　위와 같은 감사보고서의 추가정보는 단지 부연 설명일뿐 기업의 정식 재무보고서로 간주하지 않는다. 이와 대조적으로 공인회계사 감사관은 기업이 채택한 회계방식이나 빠져서는 안 될 중요한 항목이 재무보고서에 빠진 상황에 이의를 제기할 수 있다. 이 상황에서 공인회계사는 의견란에 '~를 제외한'이라는 구절인 한정의견을 포함할 수 있다. 이에 관한 설명은 감사보고서에 나와 있다. 한정의견을 내기 위해서 공인회계사 감사관은 재무제표와 주석에 실린 전체적인 내용이 사실을 왜곡하지 않았음을 증명해야 한다. 한

정의견은 공인회계사 감사과정 한계에 차선책일 수 있다. 재무제표에 나타난 하나 이상의 계정에 관련된 증거를 모두 수집하는 것은 현실적으로 어려워서 자신의 의견에 힘을 싣거나 제한을 두는 것이다.

그렇다면 한정의견이 지니는 비중은 얼마나 될까? 사실 감사관이 지적하는 재무보고서의 결점은 돌이킬 수 없을 정도로 치명적인 결함은 아니다. 감사 후 내놓은 한정의견은 경고를 뜻하는 옐로카드다. 이때 한 가지 사실을 염두에 둬야 하는데 공인회계사는 감사를 맡은 기업이 제정된 회계 및 공표 기준에 벗어난 재무보고를 해도 재무제표가 전반적으로 공정하게 작성됐는지 판단해야 한다. 만약 감사관이 판단하기에 감사를 맡은 기업의 재무제표가 일반적인 기준에 크게 벗어났다면 반드시 부적정 의견을 발행해야 한다. 그러나 보통 부적정 의견까지 내는 경우는 거의 없다. 모든 사람이 보는 재무제표에 공인회계사 감사관의 부정적인 의견이 달리는 것을 원하는 기업은 없을 테니 말이다.

공인회계사 감사관은 기업이 매우 특이한 상황에 직면해서 감사 진행에 한계가 있을 때 의견 거부를 할 수 있다. 감사관의 측면에서 볼 때 기업이 도저히 해결할 수 없는 문제에 직면했다고 판단하는 것이다. 이 경우 공인회계사는 계약을 파기하기도 한다(예를 들면 감사 도중 자리를 떠난다). 이런 일이 흔한 경우는 아니나 지금도 충분히 일어날 수 있는 일이다. 이런 상황이 되면 공인회계사는 기업의 경영진과 이사회, 감사위원회에 감사 중도하차를 공식적으로 알려야 한다. 공인회계사는 기업의 내부 고발자처럼 비리를 고발하는 존재가 아니다. 공기업의 공인회계사는 감사를 진행하는 도중에 하차하면 이를 증권거래위원회에 보고해야 한다. 또한, 공기업의 감사위원회와 함께 일을 진행해야 하며 이들과 감사에 관한 원활한 의사소통을 할 의무가 있다.

사베인 – 옥슬리 법(SOX)

이번 장을 시작하면서 말했지만 의회는 사베인-옥슬리 법을 통과시켰다. 악명 높은 엔론처럼 이미 잘 알려진 감사 실패의 대응책으로 마련한 법이다. 감사과정의 품질 및 공인회계사 감사관의 독립성을 높여 이런 사태의 재발을 막겠다는 취지다. 당시 의회는 바로 코앞에서 저질러진 무수한 회계부정 발생과 그를 적발하지 못한 감사관에게 많이 실망했다. 그래서 이들은 감사관에게 정확한 감사를 이행할 것을 약속받았다.

새로 설립된 단체는 공기업 회계감독위원회(Public Company Accounting Oversight Board, PCAOB)로 이른바 증권거래위원회의 지점이다. 공기업 회계감독위원회는 공기업을 감사하는 공인회계사 단체에 막강한 힘을 갖고 있다. 그러므로 공개기업 감사감독위원회라고 명명해도 괜찮다. 이 단체들은 공기업을 감사하는 사람들에게 폭넓고 지배적인 권력을 가진다. 또한, 사베인-옥슬리 법은 기업이 사업을 운영하면서 재무보고를 할 때 새로운 의무를 도입했다. 기업의 CEO는 공표한 재무보고서가 재무보고 및 회계기준을 매우 준수하여 공정히 작성했다는 것을 증명해야 한다. 또한, 기업의 경영진은 내부 통제에 대한 의견을 연간 재무보고서에 밝혀야 한다. 공인회계사 회계에 종사하는 이들은 공기업을 감사하는 이와 개인기업을 감사하는 이로 나뉜다. 미국 공인회계사의 감사기준위원회는 개인기업 감사에 있어 강력한 기준을 공표했다. 공기업 회계감독위원회는 아직 미국 공인회계사 감사기준위원회의 통제를 받는 공기업 감사 규칙에도 영향력을 끼친다.

몇 가지 사베인-옥슬리 법의 조건을 이행하는 초기비용은 많이 들었으나 차후 법안이 개정되면서 액수는 안정되고 다소 감소했다. 일반적으로 감사의 품질이 많이 개선되었다는 견해가 많다. 사베인-옥슬리 법의 등장이 낳은 또 다른 결과는 기업의 감사위원회가 재무보고에 좀 더 많은 권한과 책임감을 갖게 된 점이다. 만약 내게 다시 공기업의 감사위원회를 맡으라고 한다면 나는 아마 심사숙고할 것이다. 지인 중에 엔론 감사위원회를 지낸 이가 있는데 그 사람처럼 되고 싶지 않기 때문이다.

마지막 견해

PARTING COMMENTS

몇 년 전 한 여성투자모임의 매달 열리는 미팅에 초대받아 재무
제표에 관한 대화를 나누었는데 매우 즐거운 시간이었다. 이 모임
은 매달 기금을 모아 뉴욕증권거래소에서 거래하는 주식에 투자하
는 이들로 구성되어 있었다. 그날 날카로운 질문들이 오고 갔는데
한 질문에 나는 그만 놀라고 말았다. 그때 그녀들은 제너럴 일렉트
릭 사의 보통주식을 구매할 예정이었다. 그중 두 명은 회사에 관해
조사한 것을 설명하면서 현금 시가로 구매하자고 제안했다. 대화를
듣다 보니 그들 중 몇몇은 자신이 투자한 돈이 기업으로 들어간다
고 믿고 있다는 것을 알게 되었다. 그래서 나는 그들에게 돈은 기
업이 아닌 주식을 파는 이에게 가는 것이라고 말해 주었다.

그들은 최초 자본시장(기업이 처음 발행한 주식이 매매되는 곳으로 구매한 돈이 기업으로 곧바로 들어가는 것)과 간접 증권매매시장(이미 주식에 투자한 이들이 주식을 거래하는 곳으로 돈은 처음 주식을 발행한 기업에 들어가지 않는다)의 차이를 확실히 인지하지 못하고 있었다. 나는 제너럴 모터스, 포드, 혼다 등 자동차기업에서 직접 새 차를 구매하는 것과 이미 기업에서 차를 구매한 사람에게 중고차를 사는 것의 예를 들어 차이점을 설명했다. 그러자 그녀들은 자신이 투자한 돈이 제너럴 일렉트릭 사에 직접 들어가지 않는다는 사실에 실망한 듯했지만 내 말을 이해했다. 두 시장의 차이점을 알려주자 어떤 이는 현금 시가는 합리적인 가격에 주식을 사는 방법이라고 생각했지만, 다른 이는 주식매매는 좋은 가격에 주식을 팔기 위한 것이므로 이 점을 고려해야 한다는 의견을 내놓았다.

이 여성투자자들의 논쟁은 굉장히 의미심장한 의문을 남겼다. 이번 장에서 나는 여러분과 이에 관한 의견을 나눌 생각이다. 그리고 공기업에서 발행한 주식과 부채 어음에 투자하거나 개인 업체에 투자하는 사람에게 매우 중요한 질문 몇 가지에 대한 답을 내릴 것이다. 재무제표를 읽는 사람에게도 매우 도움이 될 것이다.

기본적인
질문과 답변

투자자와 대출기관은 재무제표에 관한 몇 가지 질문의 답을 알아야 한다. 이제부터 나는 전문투자자의 시각이 아닌 일반 개인투자자의 시각에서 나온 질문에 답변할 것이다. 내가 가입해 있는 퇴직기금(TIAA-CREF)은 4천억 달러 이상을 관리하고 있다. 포트폴리오 담당자들은 이미 다음과 같은 질문의 답을 잘 알고 있다.

재무보고는 믿을만한가?

그렇다. 공기업에서 발표하는 어마어마한 양의 재무보고서는 제정된 기준, 소위 말하는 일반적인 회계원리에 맞는 것으로 미국 및 국제 회계기준위원회에서 통용되는 기준이다. 만약 그렇지 않다면 기업의 공인회계사 감사관은 문제가 있는 것으로 간주한다. 따라서 공인회계사 감사관의 보고서를 반드시 읽어야 한다. 이 책의 개정판을 내는 지금 이 순간, 미국과 국제 회계기준위원회는 이 기준을 하나로 통합하는 과정을 실시하고 있다. 이 조화를 위한 과정이 어떻게 마무리될지는 아무도 확신할 수 없다.

공인회계사 감사를 거친 개인기업 재무보고는 공기업 보고만큼 믿을 수 있다고 본다(나의 경험을 토대로 한 의견이다). 그러나 감사를 받지 않은 개인기업의 재무보고는 재무보고 및 회계기준을 하나 이상 위반할 확률이 높다. 예를 들어, 나는 현금흐름표를 포함한 재무제표가 빠진 개인기업의 재무보고를 본 적이 있다. 실제로 많은 개인기업이 내부 회계 관리자의 권한에 따라 재무보고를 한다. 따라서 규모가 작은 기업의 재무제표를 읽을 때 만약 감사를 받지 않은 재무보고라면 우리는 좀 더 신중을 기해야 한다. 먼저 재무보고 및 회계기준이 고정되지 않는다는 점을 인지하길 바란다. 규칙을 제정한 이들은 꾸준히 재무보고 실태와 문제가 발생하는 부분을 점검한다. 그리고 필요하면 규칙을 바꾸기도 하는데 특히 기업 및 재정평가, 더 나아가 기업에 영향을 미치는 정치, 법, 경제 환경의 발전까지 변화가 생기기도 한다.

그럼에도 재무제표에 잘못이나 부정이 생길 수 있는가?

불행하게도 그렇다. 월 스트리트 저널과 뉴욕 타임스를 보면 기업의 간부층 경영자가 저지른 회계부정에 관한 기사를 읽을 수 있다. 그들의 속임수는 각양각색이다. 매출액을 과장하거나 비용 및 손실을 축소하기도 하고 때로는 아예 기재하지 않는 방법을 사용하기도 한다. 순수익을 부풀려서 주식의 시장가격을 높이기도 한다. 혹은 재정상태에 영향을 줄 수 있는 심각한 문제는 공시하지 않기도 한다.

이렇게 회계부정을 저지르는 것은 대출기관 및 주주에게 거짓말을 하는 것과 같다. 기업은 잘못된 재정정보를 알려서 의도적으로 주주가 사실을 직시하지 못하도록 막고 경영자는 그것이 거짓 정보임을 이미 알고 있으면서도 외면한다. 만약 기업의 고위층 경영자에 '의한' 부정이거나, 특히 경영자가 다른 이들과 합심해서 교묘히 꾸민 음모일 경우 공인회계사 감사관이 이를 적발하기란 어렵다(21장에서 공인회계사가 감사를 시행하는 재무제표를 설명했다). 물론 감사관은 노련한 전문가이므로 타 기관보다 회계부정을 찾을 확률은 상대적으로 높다. 하지만 간혹 감사를 소홀히 하는 일이 생기기도 하는데 이 경우 이들은 고소당해 마땅하며 실제로 소송에 걸리기도 한다.

이 장의 요점은 여러분이 신뢰하는 재무제표가 사실은 거짓이거나 오해의 소지가 있도록 심각한 수준으로 왜곡되었을 가능성이 있다는 것이다. 만약 부정 사실을 발견하면 기업의 간부층과 감사관에 법적 조처를 할 수는 있지만 최악의 상황이다. 법적 조처를 통해 얼마간의 잃은 돈을 회수할지라도 보통은 금전적인 손해를 보게 된다.

재무제표의 비율을 계산해 볼 필요가 있을까?

그럴 필요는 없다. 대부분 사람은 재무제표를 열심히 분석하면 어음 가격이 더 낮게, 혹은 더 높게 나온 것을 알아낼 수 있다고 생각하지만 그것이 증거가 될 수는 없다. 시장가격은 분기 재무보고, 연간 재무보고를 포함한 대중에게 알려진 기업의 모든 정보에 반영된다(기업의 내부자는 앞으로 있을 특정 사건을 미리 알 수 있으며 정보가 공표되기 전에 미리 유리한 조처를 하기도 한다).

재무제표 비율을 계산하는 것은 분명 가치 있는 학습 경험이 될 수 있다. 하지만 시장이 알지 못한 사실을 발견할 수 있을 것이라는 기대는 하지 않는 것이 좋다. 이미 모든 사람이 살펴본 정보 속에서 당신이 금덩어리를 발견할 확률은 거의 없다. 별 소득 없는 일이며 투자자로서 시간을 낭비하는 일이다. 차라리 그 시간에 현재 사업과 경제발전에 관한 내용을 실은 금융 관련 기사를 보는 편이 더 낫다.

만약 다른 사람이 보지 못한 정보를 내가 볼 수 있는 것이 아니라면 재무제표를 읽어야 하는 이유는 무엇인가?

재무제표를 읽어야 하는 이유를 먼저 알아야 한다. 기업의 부채가 많거나 갚아야 할 이자가 산더미 같은가? 그렇다면 기업은 파산하거나 부채 탕감을 목적으로 조처를 취해야 하는가? 지난 5년, 10년 동안 기업이 꾸준히 이익을 냈는가, 아니면 롤러코스터를 타듯 변화가 심했는가? 그동안 배당금을 꾸준히 분배했는가? 최근 기업이 심각한 손실을 본 적은 없는가? 기업의 고위 간부층에게 다량의 주식옵션을 발행한 적이 있는가? 한 가지 이상의 주식을 발행한 적은 없는가? 실제로 집을 사기 전에 그 집을 철저히 조사하는 것은 당연한 절차다. 몇 층짜리 집인지, 침실은 몇 개 있는지, 지하실이 있는지, 외관상 보기 좋은지 등 말이다. 마찬가지로, 자신의 돈을 투자하기 전에 기업의 '재정 건축'을 미리 알아봐야 한다. 재무제표에 관한 지식을 갖고 있다면 재무제표를 통해 당신이 알고자 하는 것을 모두 알 수 있을 것이다.

주식투자 전략 중 하나는 웹 사이트에서 재무보고 및 재무제표를 찾아보고 자신과 맞는 기업을 걸러보는 것이다. 예를 들어 어떤 기업의 시장가치는 장부가치보다 낮을 수 있다. 혹은 주식당 현금 및 현금 보유량이 시가보다 높을 수 있다. 이런 종류의 주식은 시장에 나올 때 전혀 다른 상황이 전개되기도 한다. 어쨌든, 재무제표는 당신이 원하는 종류의 기업 선택에 유용하다.

공기업의 재무제표와 주석을 꼼꼼히 읽는데 몇 시간이나 걸린다. 다른 방법은 없을까?

규모가 큰 기업은 재무보고서의 양도 매우 많다. 일반적으로 대기업의 재무제표는 길고 복잡하며 빼곡한 글씨로 적힌 주석도 몇 장씩 포함한다. 이 많은 양의 문서를 모든 항목 하나하나 세심히 읽으려면 말 그대로 몇 시간, 혹은 그 이상이 걸릴 것이다. 게다가 감사보고서, CEO가 주주에게 전하는 말, 재무보고서에 발생할 수 있는 부정을 방지하기 위해 어떤 식으로 내부통제를 하고 있는지 밝히고 그에 관한 책임을 알리는 고위 경영진의 발표문서도 빠뜨릴 수 없다. 전문주식분석가와 투자경영자가 과연 모든 기업의 재무보고서를 전부 읽어볼 시간이 있는지 의문이 든다. 아마 아래 직원에게 이 업무를 분담시킬지도 모른다. 만약 그렇다면 그들이 모든 재무제표를 다 읽어볼 시간이 있기를, 그리고 재무제표를 이해할 수 있기를 바란다.

공기업 대부분은 이미 재무보고서를 처음부터 끝까지 읽는데 얼마나 오랜 시간이 걸리는지 인지하고 주주에게 연간 재무제표 요약본을 제공한다. 재무제표 원본을 요약한 형태의 손익계산서, 대차대조표, 현금흐름표로 나눈 것이다.

요약된 재무제표는 주석을 포함하지 않으며 대부분 공인회계사의 감사보고서 역시 참조하지 않는다. 만약 실제 재무제표와 주석을 모두 읽을 시간이 없다면 최소한 요약본이라도 읽어야 한다. 아예 보지 않는 것보다는 낫다. 참고로 대부분 비영리단체(예를 들면 미국 은퇴자협회)는 단체 회원에게 재무제표 요약본을 제공한다. 내 퇴직금을 관리해주는 연금기업도 마찬가지다. 나는 지금도 재무제표 원본을 요청한다. 긴 밤이 지나도록 그것을 읽기 좋아하는 사람은 회계 관련 종사자밖에 없을 것이다.

기업의 실적을 점검하는 간단한 방법이 있을까?

여러분이 알고자 하는 기업의 올해 매출액과 작년 매출액의 증가율(혹은 감소율)을 계산해서 비교하기를 권한다. 그 수치는 기업의 최종결산수익(순수익) 및 주요 운영자산의 변화를 확인하는 기준이 된다. 예를 들어 매출액이 작년보다 10퍼센트 증가했다고 가정해 보자. 그렇다면 수익 또한 10퍼센트 증가했을까? 외상매출금, 재고자산, 장기 운영자산도 10퍼센트 증가했을까?

단순히 간편한 계산법에 지나지 않지만 어떤 부분이 지나치게 한쪽으로 치우쳤다는 사실을 알기에는 유용하다. 예를 들어 매출액은 10퍼센트 증가했으나 재고자산은 50퍼센트 증가했다고 가정해 보자. 경영진이 실수를 저질렀을 확률이 높다. 필요 이상의 재고 과잉은 결국 회계장부에서 지워야 하는 결과를 초래한다. 경영진은 대개 이런 비정상적인 사항을 재무보고에 알리지 않는다. 이 부분은 우리 스스로 알아내야 한다.

재무제표는 온전히 사실만을 말하는가?

이 부분은 사실 두 가지 질문으로 나눌 수 있다. 첫 번째 질문은 수익을 산정하는 방식을 얼마나 믿을 수 있는가다. 일반적인 시각으로 공정하다고 인정할 수 있는 회계방식 중 기업이 어떤 방식을 사용하고 회계방식이 매년 얼마나 정확히 적용되었는가에 달렸다. 두 번째 질문은 기업의 재무보고가 얼마나 정직한가 하는 것이다.

매출액과 비용은 기업이 사용하는 회계방식에 따라 정확하고 정직하게 기록해야 한다. 일단 회계방식을 선택했으면 결과가 어찌됐든 소신대로 방식을 적용해야 한다. 그러나 일부 공기업의 경영자는 가끔 매출액과 비용에 특정 조처를 해 유리한 결과를 만들어내기도 한다. 20장에서 숫자조작 이야기를 하면서 언급한 '무게를 잴 때 손가락으로 누르는 행동'과 비슷한 것이다.

회계수치를 조작하는 것은 순조로운 수익보고를 하거나 연간 수익에 달갑지 않은 변화의 움직임을 조종하기 위해서다. 공기업 투자자는 예상하기 어려운 변화보다는 안정된 수익을 선호하고 경영자는 의무적으로 이를 유지한다. 따라서 재무제표에 나타난 연간 수익이 내년을 위해 조금 조정되었을 가능성을 염두에 둬야 한다.

기업이 재무내용을 공개하는 일은 또 다른 문제다. 일반적으로 공기업과 개인기업 모두 채권자와 주주에게 관련된 사항을 모두 공개하는 것을 꺼린다. 나쁜 소식은 이들이 가능한 한 사실을 은폐하거나 경시하려는 것이다. 확실히 상당수의 재무보고서는 정직하게 모든 내용을 기재하지 않는 것이 사실이다. 간혹 어떤 기업은 자신의 실수와 오점을 미리 세탁하고 나서 재무보고를 하기도 한다. 공기업은 연간 재무보고서에 이사의 경영 진단서를 포함한다. 그러나 이 문서는 미리 그해 발생한 일 중 좋지 않은 부분을 제거한 것이 대부분이다.

지난 시간 동안 공표된 재무보고를 검토해 보면, 모든 기업에 대한 엄격한 재무보고 기준이 서기 전까지는 자발적으로 재무보고를 한 기업이 거의 없다. 몇 년 전까지만 해도 직원들의 연금 및 퇴직금비용이 부적절한 방식으로 공표되었고 결국 기업의 완전 공개를 의무로 제정한 공표기준이 출현했다. 불안정한 상품, 미해결된 소송, 고위 경영진을 위한 보상 문제는 재무보고에 밝히는 것을 꺼리는 부분이다. 대표적인 예로 1950년대부터 증권분석가들이 끈질기게 요청했음에도 불구하고 기업들은 1987년 공표기준이 도입되기 전까지 현금흐름표를 공개하지 않았다. 뉴욕 타임스는 1면에 '이 신문에 실린 뉴스는 인쇄하기 적합하다'라는 문구를 자랑스럽게 싣는다. 그러나 기업의 재무보고서는 이 정도로 신뢰할 수 없다.

재무보고서는 기업이 이익을 얻는 방식을 설명하는가?

그렇지 않다. 기업은 재무보고서에 수익(순수익)뿐 아니라 얼마의 매출액과 비용으로 수익을 창출했는지 기재하는 것이 바람직하다고 생각한다. 그뿐만 아니라 수익의 흐름을 나타내는 로드맵이나 기업이 어떻게 수익을 올릴 것인가 하는 청사진도 포함해야 한다. 재무보고서를 보는 이들은 기업의 수익창출 전략이 무엇인지, 핵심

요소는 무엇인지도 알아야 한다. 대기업의 재무보고서는 영업 종목별로 매출액과 영업비용을 공표해야 한다. 그리고 종목별 매출액과 영업비용을 세분화해서 어떤 상품이 이익을 가장 많이 내는지 밝혀야 한다. 그러나 대기업은 영업 종목이 매우 다양하다. 이들이 종목별로 모든 정보를 공개하는 것은 확실히 좋은 시작이라고 할 수 있다. 예를 들어 매출액 및 영업 수익을 국내용과 수출용 상품으로 나누는 것은 매우 중요하다.

사실 기업 측면에서 보았을 때 재무보고서에 특정 상품(혹은 서비스)의 매출수익 정보를 공개하는 것은 매우 조심스러운 일이다. 예를 들어 애플사는 아이폰과 아이맥의 판매로 얼마의 수익을 올리는지 공개하지 않는다. 매출수익 정보는 기밀정보로 취급하며 경쟁사뿐 아니라 투자자에게도 공개하지 않는다. 만약 여러분이 한 기업의 CEO라면 외부에 공개하는 재무보고 손익계산서에 수익 정보를 공개하지 않을 것이다.

공기업의 주식시장 가격은 오직 공개한 재무제표 정보에 직접 영향을 받는가?

글쎄, 이 질문의 답은 이미 알고 있으리라 믿는다. 아무리 기업에서 재무제표를 발표하고 그것을 주로 참조해도 공기업의 주식가격은 여러 요소로부터 영향을 받는다. 그럼에도 이 질문을 굳이 실은 이유는 재무제표는 주식이 알 수 있는 정보 중 하나라는 점을 여러분에게 각인하기 위해서다. 그렇지만 재무제표 정보는 투자자가 주식을 매매할 때 가장 영향을 미치는 분명한 요소다.

개인기업의 대차대조표는 회사의 시장가치를 말해주는가?

그렇지 않다. 개인기업의 대차대조표는 마치 경매대에 오른 상품에 가격을 매기는 것처럼 시장가치를 말하지 않는다. 대차대조표에 기재된 금액은 실제 거래 및 운영액수다. 손익계산서에 기재된 순수익(최종 수익)은 그해 실제 매출액에서 실제 비용을 뺀 나머지 금액이다.

이와 마찬가지로 현금흐름표에 명시된 금액은 한 해 동안 실제 현금이 이동한 액수를 의미한다. 재무제표는 '과거'를 돌아보는 목적으로 작성한 문서일 뿐 '미래'를 내다보고 시장가치를 결정하는 목적으로 작성한 것이 아니다. 실제 기업을 인수하는 처지가 아닌 이상 기업의 가치가 얼마인지는 누구라도 추측할 수 있다.

가장 최근에 발표한 대차대조표에 기재된 장부가치보다 더 많은 돈을 지급하고 회사를 인수할 사람이 있다고 하자. 여러분도 알다시피 시장가치는 여러 요소에 영향을 받는다. 버크셔 헤서웨이 사의 CEO 워런 버핏도 덱스터 슈 등 다른 기업을 인수하는 과정에서 돈을 지급할 때 실수를 저질렀다는 것을 인정했다(이 사실은 2007년 그가 주주에게 쓴 글에서 확인할 수 있으며 기업의 웹 사이트에서 찾을 수 있다).

일반적으로 개인기업의 시장가치는 앞으로 어떻게 수익을 창출할 것인가 하는 계획에 큰 영향을 받는다. 경우에 따라 기업의 연간 순수익의 10배에 달하는 돈을 지급하고 기업을 살 수도 있다. 다만 여기서 덧붙이고 싶은 말은 이 외에도 개인기업의 시장가치를 결정하는 중대한 요소가 있을 수 있다는 것이다. 또한, 수익을 기본으로 한 가치는 사업을 정리하는 것을 전제로 한 것과 꽤 다르다.

예를 들어 어떤 기업이 파산에 이르거나 부채탕감에 어려움이 있다고 가정해 보자. 이렇게 좋지 않은 상황에서는 기업의 시장가치를 결정할 때 주식이나 자본보다 채권 및 부채가 더 큰 영향을 미친다. 이 경우 기업의 주식가치는 거의 제로에 가깝다는 것은 두말할 필요도 없다.

투자 및 개인 자산 장부 역시 재무제표를 참고하는가?

이 말을 들으면 놀랄 수도 있겠지만, 이런 장부는 재무제표를 거의 언급하지 않고 재무제표의 기본적인 사항을 거의 설명하지 않거나 아예 기재하지 않는 것이 대부분이다. 하지만 오해하지 말기를 바란다. 물론 투자 장부나 개인 자산 장부 중에는 재정상태를 충실히 나타내는 것도 있으나 개인적으로는 그런 장부를 본 경험은 손에 꼽을 정도다.

가장 인기 있는 이런 종류의 장부 중에는 실제로 도움이 되는 조언을 거의 하지 않는 경우가 많다. 예를 들어 당신이 연간 수익의 10퍼센트를 투자하고 40년 후에 큰 이익과 함께 돈을 돌려받을 수 있다고 제안하는 경우도 있다. 이러면 이득을 보는 사람은 당신의 손주가 되지 않을까? 개인적으로 극히 일부의 장부만 재무제표를 확실히 다루고 있으며 대부분은 이 부분을 아예 무시한다는 것을 알고는 당혹스러웠다.

투자자와 채권자에게 있어 재무제표는 기업을 파악하기 위한 알짜배기 정보를 담고 있다. 재무제표가 아니면 도대체 어디서 그런 중요한 정보를 얻을 수 있겠는가? 재무제표 없이 기업을 파악하기란 마치 시내에서 표지판과 신호등 없이 길을 찾는 것과 같다고 볼 수 있다.

 요약

1980년대부터 1990년대에 이르기까지 CPA 감사관이 회계부정 적발에 실패하는 사건이 부지기수로 발생했다. 하지만 우리는 여전히 감사받은 재무제표로부터 모든 정보를 얻고 있다. 종합적으로 보았을 때 공기업의 재무보고에서 부정이 발생할 확률은 극히 드물다. 어쨌든 투자자의 측면에서 보면 재무제표 외에 기업의 재정 정보를 얻을 수 있는 곳은 없다고 해도 과언이 아니다. 유감이지만 투자 시 회계부정은 피할 수 없는 위험임에 틀림없다.

투자하기 전에 증권을 공공시장에서 거래하는 공기업의 재무제표를 공들여 분석하는 것은 당연하다. 수천 명의 다른 투자자가 이미 같은 분석을 했을 테지만 혹시 미처 누구도 생각하지 못했던 부분을 당신이 먼저 발견할 수도 있기 때문이다. 혹시 모를 변수를 발견하기 위해 회사의 작년 매출액 비율과 순수익, 영업자산의 비율변화를 비교해 볼 수도 있다. 그리고 이상하리만치 밸런스가 맞지 않는 부분은 분명 유심히 살펴볼 가치가 있다.

재무제표를 읽는 것은 투자하고자 하는 기업의 재정구조를 알 수 있는 가장 좋은 방법이다. 그리고 공기업이 사용하는 회계방식은 그리 신경 쓰지 않아도 무방하다. 그러나 개인기업은 기업의 회계정책, 사용하는 회계방식이 어떻게 수익과 자산가치에 영향을 주는지 눈여겨보아야 한다.

재무제표 공개는 많은 것을 기대하게 한다. 재무보고서에 있는 수익창출 전략 로드맵을 찾으려고 노력할 필요가 없다. 기업의 총자산가치를 대차대조표에 명시하지 않는다는 점을 염두에 두길 바란다. 실제로 기업을 인수하겠다는 이가 구매의사와 함께 금액을 제시하지 않는 이상, 기업은 운영 중인 사업에 관한 가치를 미리 산정할 이유가 없기 때문이다. 기업의 과거 수익 기록은 곧 미래의 이익창출을 예상할 수 있는 자료이이므로 회사의 가치는 과거 수익에 영향을 받는다.

이 책의 마지막 장에서 던지는 핵심 메시지는 재무제표에 관해서 신중하고 조심스럽게 결정을 내려야 한다는 것이다. 많은 투자자와 경영자는 재무제표의 한계성을 잘 인지하지 못하는 듯하다. 재무보고서는 투자를 시작할 때, 혹은 돈을 빌려줄 때 간과해서는 안 될 중요한 자료임을 파악하는 것이 중요하다. 이 책이 여러분의 결정에 도움이 되기를 바란다. 행운을 빌며, 항상 신중하기를 당부한다.

중앙경제평론사 Joongang Economy Publishing Co.
중앙생활사 | 중앙에듀북스 Joongang Life Publishing Co./Joongang Edubooks Publishing Co.

중앙경제평론사는 오늘보다 나은 내일을 창조한다는 신념 아래 설립된 경제 · 경영서 전문 출판사로서
성공을 꿈꾸는 직장인, 경영인에게 전문지식과 자기계발의 지혜를 주는 책을 발간하고 있습니다.

존 트레이시의 **재무제표 읽는 법** 〈최신 개정판〉

초판 1쇄 발행 | 2013년 11월 25일
초판 2쇄 발행 | 2014년 5월 15일
개정초판 1쇄 발행 | 2017년 5월 8일
개정2판 1쇄 인쇄 | 2022년 11월 10일
개정2판 1쇄 발행 | 2022년 11월 15일

지은이 | 존 트레이시(John A. Tracy)
옮긴이 | 최송아(Songa Choi)
감　수 | 스캇 서(Scott Suh)
펴낸이 | 최점옥(Jeomog Choi)
펴낸곳 | 중앙경제평론사(Joongang Economy Publishing Co.)

대　표 | 김용주
편　집 | 한옥수 · 백재운 · 용한솔
디자인 | 박근영

출력 | 삼신문화　종이 | 한솔PNS　인쇄 | 삼신문화　제본 | 은정제책사

잘못된 책은 구입한 서점에서 교환해드립니다.
가격은 표지 뒷면에 있습니다.

ISBN 978-89-6054-305-8(03320)

원서명 | How to Read a Financial Report

등록 | 1991년 4월 10일 제2-1153호
주소 | ㉾ 04590 서울시 중구 다산로20길 5(신당4동 340-128) 중앙빌딩
전화 | (02)2253-4463(代)　팩스 | (02)2253-7988
홈페이지 | www.japub.co.kr　블로그 | http://blog.naver.com/japub
네이버 스마트스토어 | https://smartstore.naver.com/jaub　이메일 | japub@naver.com
♣ 중앙경제평론사는 중앙생활사 · 중앙에듀북스와 자매회사입니다.

도서
주문
www.**japub**.co.kr
전화주문 : 02) 2253 - 4463

중앙경제평론사/중앙생활사/중앙에듀북스에서는 여러분의 소중한 원고를 기다리고 있습니다. 원고 투고는 이메일을
이용해주세요. 최선을 다해 독자들에게 사랑받는 양서로 만들어드리겠습니다. **이메일** | japub@naver.com